我和我的书香班

陈明梅 著

浙江工商大学出版社
ZHEJIANG GONGSHANG UNIVERSITY PRESS

图书在版编目(CIP)数据

我和我的书香班 / 陈明梅著. — 杭州 ：浙江工商大学出版社，2017.4

ISBN 978-7-5178-1981-3

Ⅰ. ①我… Ⅱ. ①陈… Ⅲ. ①高中—班级—学校管理 Ⅳ. ①G632.421

中国版本图书馆 CIP 数据核字(2016)第 322372 号

我和我的书香班

陈明梅 著

责任编辑	沈 娴
封面设计	叶泽雯
责任印制	包建辉
责任校对	王黎明
出版发行	浙江工商大学出版社 (杭州市教工路 198 号 邮政编码 310012) (E-mail：zjgsupress@163.com) (网址：http://www.zjgsupress.com) 电话：0571－88904980,88831806(传真)
排　　版	杭州朝曦图文设计有限公司
印　　刷	浙江云广印业股份有限公司
开　　本	880mm×1230mm 1/32
印　　张	9.25
字　　数	196 千
版 印 次	2017 年 4 月第 1 版 2017 年 4 月第 1 次印刷
书　　号	ISBN 978-7-5178-1981-3
定　　价	38.00 元

序一　一间书香教室

认识陈明梅老师源于一次她到我办公室向我索取有关班级建设的一些课题论文等相关资料。短暂交流之后，当时我就感觉到她努力学习的激情以及对班主任工作的独立思考。后来，她又极力邀请我到她学校对她策划组织的“人口文化节”提一些建议。我从她口中了解到其从低起点起步，从农村到城市，从小学、中学到高中，一路走来，一路奋进，一路成长的历史。我被她的真诚和乐于求知的上进心感动了。一个人到中年、拥有高级职称的女教师，却仍然持有一颗火热的事业心，爱学生，爱做班主任，这难能可贵。再后来，她成为我工作室的成员之一。无论是工作会议期间，还是学习听讲座之时，陈明梅总是听得最认真，笔记最勤快，发言提问最积极的一个老师。我还发现，每次见到她，她的包里总带着一本书，要么是班级建设的书，要么是人文类的经典书。她被选为杭州市班主任工作室领衔人之后，我发现她对班主任工作的认知和实践又上了一个台阶。去年，我的工作室生命教育课堂实践研究开展后，陈明梅以电影《肖申克的救赎》为内容，给全市的班主任上了一堂“希望从来不曾消失”的生命教育主题班会课。积极的生命态度，文艺唯美的教学语言，简单精巧别致的课堂设计，以及从中体现出的教育理念，扎实的教学教育功底，让我再一次对她刮目相看。

排除各种功利因素，自动自发愿意当班主任的老师，一定是能在班主任工作中得到乐趣，发现教育的价值，使自身生命得到丰润成长的教师。教学相长，班主任和学生相互滋养。阅读的最大意义在于让我们的孩子有机会与圣人对话。陈明梅用阅读照亮了自己，她把这种源于自身深刻体验的阅读移用、融入班级建设，用书香导行塑形，用书香滋养心灵，这是班主任专业化成长的最佳途径。建设班级，发展学生的同时，成长班主任自己，这种人班合一的班级建设是班主任工作的一道风景，陈明梅老师有幸成了这道风景的组成部分，可喜可贺。

阅读《我和我的书香班》的书稿，可以发现这本书其实就是陈明梅老师对自己带班理念的一个总结，同时它也是对特色班级建设的一次探索和尝试。陈明梅用一个个真实的教育故事向我们诠释了书香班级的概念。师生共读，品味书香，热爱生命。师生关系，生生关系，家校关系，都因书香而芬芳。

为学生的健康成长和良好发展服务，是班主任工作的题中之意，也是班主任工作的初心。一切脱离此目标的班主任都将走入班主任工作的死胡同——疲于应对，苦于困顿。通过阅读，帮助学生开阔视野，砥砺思维，丰富体验，是帮助学生进入良性发展轨道的一种行之有效的好办法。没有比发现自己的潜能，找到生命的意义，以及获得成就感和归属感更能让学生自豪和欢乐了。

班主任工作细碎而平凡，微小却任重而道远。对班主任工作价值和意义的理解，每个人都有不同的表达。无论是现在还是明天，不忘教育的初心，热爱学生，热爱教育的人永远是照亮教育前程的一盏盏明灯。我想，关于师生共读一本书，关于书香班级建设，关于班主任的专业成长，很多人愿意带着思考，翻开这本出自中职一线班主任手笔的《我和我的书香班》。

读陈明梅老师的书，我感到自己就坐在书香班教室里。

韩似萍

2016 年 12 月于杭州

序二　嗅着书香前行

丙申年己亥月丁未，世界问候日，杭州城西紫金港。朋友梅子（朋友圈里，大家都称陈明梅老师为梅子姐）微信上告诉我，她要出书了，书名定为《我和我的书香班》。应该说，刚得知的那一刻还是有些吃惊的。虽然说，21 世纪的今天，出书其实也算不上新鲜事——我的“朋友”中还有出书近百部的——但，我依然在诧异中向她表示了祝贺。这完全是因为相对教师整体而言，中职教师能出书者数量不能说多，还有重要的一点完全是因为这不同寻常的书名。

我和陈明梅老师的认识，应该始于很多年前我受杭州市社区科学讲师团指派前往施家花园社区进行大众公益科普时。记得那次活动地点就设在她所就职的学校，所以认识过程显得比较偶然。再后来又有三次因社区科普讲座而与陈老师进行过联系（其中有一次的“生态科普校园行”大型公益活动的举办还得到她的支持，而在她所在学校的流水苑校区进行）。陈老师和我交往的时间不算长，见面次数也不多，也没有过促膝长谈，但我了解明梅老师的奋发向上的劲头。印象中，她似乎没有显赫华丽、耀眼逼人的家族出身，也不算拥有多么出众的外貌。在学校她身兼数职，工作非常忙碌。但是，她从未懈怠。她爱学习，是很多书友会的常客和骨干成员，很多书店里时常看到她成捆地买书；她爱岗，是她所在的学校里的心理学教师骨干，也是杭州市心理健康教育先进工作者；她敬业，她把她的班主任工作做得扎扎实实，是杭州市名班主任工作室领衔人；她充满爱心，积极参加当地广播电台青少年心理咨询栏目并担任访谈嘉宾。我的心目中，陈明梅老师是一位勤奋好学、知书达礼的知性女人。

据了解，在中小学阶段很多老师不愿意当班主任。这是一个不争的事实。可是陈老师似乎在班主任岗位上乐此不疲，一当就是 21 年，并且还要当一辈子的班主任。这颇让我感到困惑。陈老师曾经不止一次地和我说起过她的书香班，也曾请求过我为她搜集一些文献资料，每次我也是尽力而为。从她的微信朋友圈的信息轨迹，我知道她在认真做这件事情，也在思考一些问题。她所接触的主要群体，和我这个大学教师从教职业生涯中所接触的一样，都是年轻人。处于或者刚过青春期的年轻人，代谢旺盛、激素分泌亢进，清纯朴素者有之，标新立异者也有之，有朝气也有叛逆，有好奇也有乖僻，有内敛也有暴戾，在社会和家庭的共同作用下，年轻人和我们这些中年人之间，总有点代沟。在不少人看来，职高学生属于“不太好管”的一个群体。作为这群人的班主任，工作压力还是比较大的，所以，也曾有校园暴力或者教师虐待、体罚学生甚或学生殴打老师的案例诉之媒体。这种情形，不论是在东亚的日韩、东南亚，还是在大洋彼岸的北美，都差不多。

书籍是人类进步的阶梯，好书可以教化人。读书最大的好处是起到了修养身心、获得知识、开阔视野、塑造正确的人生观价值观的作用。

基于此，书香文化像一股清风，在许多教师和学校管理者的促成、驱动下，吹进校园，给校园带来清新之风。通过阅读、分享、交流、讨论和撰写阅读日记，师生们可以更好地了解社会和人自身的内心，丰富自己的精神世界，也加强了师生之间、学生与家长之间的沟通。

清风之下，近几年，“阅读”这个词耳熟能详。的确，阅读对人、对社会、对国家都有非同一般的意义。那么，一个教育一线的中职学校的班主任，对阅读、对书香会有怎样的思考与呈现呢？是为应景写作？还是为特色班级创建而写作？不管怎样，建设一个充满书香的班级，应该是中职校园里最美丽的风景吧。读了陈老师的《我和我的书香班》后，我豁然开朗：陈明梅老师精心组织和有目的地导读，对有关文学、社会哲学、人生伦理等的经典书籍的一系列阅读和分享，让学生不断了解社会、不断认识自我，引导家长和学生之间开展有效交流，在培养学生综合素养、提升学生品德修养等方面收到了显著的效果。

《我和我的书香班》全书以书香为中心，主要围绕陈老师本人和她带读的书香班的体验与成长，特别是从心灵成长和心智成熟角度，描述书香班级的成长经历。全书分别从阅读、师生、生命、家校、德育共五个维度对书香班集体进行了诠释。整本书没有枯燥而深奥的教育理论，呈现在我们面前的是一个个生动、具体的小故事：她和她的学生的故事，她和她的学生的家长的故事，她的心理辅导故事，她的青春健康教育故事，她的德育活动故事，以及她对德育的观察、实践和思考。每个故事都描述很具体，着笔很细微，叙述有张力。在故事描述中我看见了明梅老师爱学生、爱教育的火热内心。先进的教育理念，智慧的教育方法，敬畏生命、敬畏教育的赤子之心在文字叙述中汩汩流淌。全书笔意清新，行文流畅，叙述真实，所感所想，均为真情流露，皆反映作者的书香班集体建设轨迹，让人爱不释手。一遍读完，我不禁掩卷而思。

正味的心灵鸡汤，总是有益身心的。

这样的书，无疑，也是值得阅读的。

嗅着书香前行。

是为序。

唐建军（德仁）

写于2016年初冬的紫金港

目录

CONTENTS

叁 故事

伍 德育

从教26年，起初，我以为贴在教室里的一张张奖状就是优秀；后来，我以为绞尽脑汁不当班主任就是清醒；再后来，我相信自己所从事的班主任工作，以为那就是教育。当班主任21年，真的没有让自己倍感骄傲的东西。如果有，大概就是创建一间书香教室了。太阳能照进来，花香能飘进来，我和我的学生们在桂花树旁的这间教室中品味书香。因为书香，我感激并热爱自己的生命；因为书香，我喜悦并丰富自己的灵魂。

壹 梦想中的书香班

在梵高的星空下岁月流转

我是个梵高迷。办公室里的梵高元素随处可见:挂在墙上的油画《播种者》《杏花》,放在书桌上的《燃烧的梵高》话剧剧照,摆在桌上的《十四朵向日葵》,放在书桌转角的梵高头像水杯,放在书柜里的欧文·斯通的《渴望生活——梵高传》,丰子恺的《梵高生活》,以及保存在电脑里的记录片《梵高传》……

灿烂的阳光中,梵高头戴草帽,夸张而快乐地行走在黄绿色的麦田里。天穹下,塞纳河里灯光与星光相互浸染,月亮的颜色也变成金黄。梵高的画,像长明灯一样烛照出我的凡俗与普通。有时候，我实在无法分清我喜欢的是艺术上的梵高还是生命意义上的梵高。后来我渐渐明白，喜欢梵高不仅仅是审美的需要，更源于心灵的激情。梵高是纯粹地喜欢画画，而我只是纯粹地喜欢着班主任这份工作。

说实话，这种心境来之不易。我走了漫漫18年。

1989年，我在高考中以8分之差失利。我痛苦过，煎熬过，迷茫过，忧郁过。但幸运的是，青山绿水环抱下的菁菁校园接纳了我，给了我快乐；学生们那活泼的身影、求知的眼神召唤了我。我与"班主任"，似乎有着不解之缘。慢慢地，对教育的理解、对班主任的思考犹如纯净清澈的青山湖水，悄悄地流入我的心怀。

回首过去，我发现生活一直充满了浪漫诗意与恰到好处的温柔。何其幸运！我在20岁那年和教师相遇，和班主任相遇，我找到了事业的源头活水。

代教岁月的浪漫和忧伤

1990年，高考失意"晃荡"一年的我，阴差阳错成了镇中心小学的代课教师——担任四年级二班的班主任，教语文和思想品德。

没有任何专业学习和训练的我，凭着一股似乎是本能的教育激情，朴素的"不能误人子弟"的教育良知，和学生们打成了一片。出人意料的是，代课第一年，我所任教的班级的语文成绩在区里统测位列第二。

原本只想代课一年，调整好心绪重新参加高考。但学校同事劝我说："你适合当老师的，还是留下来当老师吧。只要你教得好，代课教师可以转为民办教师，民办教师可以转为公办教师。”现实与梦想有了冲突，毕竟，我的理想是成为一名干练女警。思虑再三，反复斟酌，我决定先转正，视情况再决定其他。

就这样，一条改变我人生走向的崭新道路徐徐展开。我在“班主任”这条路上渐行渐远，把道路踏得越来越宽阔。

我在小学当了5年班主任。那是我人生中最为灿烂的5年。

班里有个叫赟赟的小姑娘，文笔不错，性格内向，对自己不太自信。为了鼓励她，我经常在课堂上声情并茂地朗读她的作文。赟赟在我一次又一次表扬的中，笑容越来越多。

有一次，我如往常一样翻阅着报纸上的一篇小通讯。读着读着，脑海里突然蹦出一个想法：能不能让赟赟的作文登上报纸？

我找到赟赟写的一篇《街市上的钟声》，认真地进行了修改。第二天一早，我让她用作文方格纸认真地抄了一遍，然后去邮局投寄到报社。过了两天，校长拿着报纸喜滋滋地对我说：“报纸上竟然有你班学生写的文章，你们给我们学校争光啦。”要知道，在赟赟之前，这份县政府名下的报纸是没有刊登学生作文的先例的。

整个校园都沸腾了，赟赟写作的激情也由此蓬勃而发。后来，赟赟考上了浙大并在浙大读了研，后来成了省级医院的一名主治医生。不管是在校园还是职场，文字都成为她成长道路上的重要力量。

大学里，她的文章成了范本；工作中，她的文章常在单位通讯杂志甚至是国内医学杂志上发表。

有次聊起这段经历，她对我说，是小学的那篇作文指引了她，影响了她。

我组建了小记者团，每逢学校有活动，我班的小记者们，总是手拿笔记本像模像样地提问、记录，然后把文字整理好，油印成一张张班报，在全校分发。孩子们那个神气啊……

至今我还清晰地记得我带班里的三个小记者到杭州电视台少儿频道应聘的事。当时的主播费老师听说我们来自郊区时，一个劲地夸我们有想法，不简单。我还带领学生们去户外野餐，去钱王陵园秋游，去采访镇上的风云人物。

那时我总觉得，和孩子们在一起，天空特别蓝，春天特别浪漫，人生特别幸福。

日子就这样在幸福中悄无声息地飞快而过。有一天，一个在初中任教的同学对我说："你还是去当中学教师吧，教学相长。中学肯定会有你更大的舞台。再说，中学教师学历上要求也更高些，至少是大专毕业，好多还是本科，甚至还有硕士毕业的呢，在这样的环境下，你自身的文化水平综合素养也会跟着提高。"

我心动了。1995 年 8 月，适逢我初中母校缺少教师，怀着提升自己、发展自己的想法，以及对母校的热爱与留恋，我跨入了初中的大门。

刚开始，为了让我适应中学教学，同时也为了掂一掂我教育教学的分量，学校安排我任教初一历史和初二政治（当时教材名《社会发展简史》）。如果遇到哪个班主任外出或是请假，我就要顶岗去当班主任。有意思的是，我零零星星的临时班主任工作没有间断过，一眨眼就顶岗候补了三年。

中学班主任和小学班主任有很多不同，我的顶岗班主任工作也充满了挑战。学生有的和任课老师顶嘴甚至吵架，有的旷课逃学，有的亲子关系恶劣，甚至有个别学生因为我是个仅有高中文凭的代课教师而有意无意地制造麻烦。对此，我感到惭愧、无助和苦闷。

种种因素叠加，顶岗班主任工作让我心力交瘁，一起代课的两位同事一个跳槽去了银行，一个去了国有企业当业务骨干。夜深人静时，我总是在追问自己：这代课老师还要当下去吗？我当班主任的恐惧和压力来自哪里？是缺少激情还是能力不够？是性格缺陷还是专业素养不行？世界上任何一个人，都有两条路要走，一条是必须走的，一条是想走的，你要把必须走的路走漂亮，才能走想走的路。

于是我开始了深刻反思，开始了坦诚的自我检讨，开始了对有关教育方式方法的更新调整。我孜孜不倦地努力学习，还有刻骨铭心的坚持。我报考杭州教育学院大专函授班，工作之余勤奋苦读，大学教材里的知识像一盏灯照亮了我。我开始沉下心来琢磨中学生的心理特点，研究中学生带班之道，分析应对、帮助后进学生的教育策略，"改版"我的小学教师浪漫主义管理风格……

顶岗班主任工作的三年，让我身心俱疲，但是最终的结果是，班级那些调皮捣蛋的后进学生彻底被我"降服"。在我顶岗班主任的班级，学生对我的敬畏甚至超越了对正式班主任的。

初中学生的质疑、反抗，宣告了我小学教师管理思维方式的破产。我终于懂得了一个道理：教育学生、管理班级必须符合学生的成长认知规律，只有建立在符合学生年龄特点基础之上的教育才是教育。教育要因材施教。

我用“一次精神的脱胎换骨”这句话，总结评价这五味杂陈的三年。

随着我班主任教育管理能力的提升，我的代课教师生涯也迎来了转正的春天。

1997 年 8 月，我取得了杭州教育学院汉语言文学专业大专文凭，同年 11 月，我以全县第三名的成绩考入杭州教育学院代转公教育班系统学习，脱产培训半年。杭州教育学院老师的渊博知识及来自全省各地的同学交流，拓宽了我的眼界，开启了我的心智。

1998 年 8 月，我正式成为一名在编公办教师。这距我当代课教师刚好八年。我用了八年刻苦奋斗迎来了教师生涯中的第一缕阳光。

对我来说，八年的代教经历犹如盘古开天辟地，又如一声春雷唤醒了我的青春和激情。

现在，我经常会想起这一段代教岁月，有时是在豪情满怀的时候，有时是在黯然神伤的时候。当我重新审视这人生中的八年，我发现它的重要意义在于生命中的机遇馈赠了我——它为我提供了一个平台，让我在上面纵情舞蹈，最终让我发现了自己，认识了自己，找到了自己。

初中岁月的光荣和梦想

1998 年 8 月，我成了初一(3)班班主任。很快，我为自己制定了第二个目标：报考杭州师范大学汉语言文学本科班；三年内要成为一名中级职称的老师(我代课期间八年算工龄)。我以校为家，天天和班里的学生在一起——一起欢笑，一起哭泣；一起上晚自习，一起去操场跑步；

一起钻研习题，一起诵读美文。班级里班风特别好，学习成绩也很突出。学校里的校园歌手、运动会、元旦会演等活动，我班经常囊括第一名，学习竞赛更不在话下。

知识改变命运，我对知识的渴求，对学生的无条件的爱，现在想起来也让自己动容。

班里有个孩子，由于家境困难即将面临毕业就打工的境况。不论天黑路滑还是烈日当空，我骑着自行车三番五次地去家访，一遍一遍地和他爸爸妈妈沟通，还自掏腰包捐了 300 元钱。班里的学生也都被发动起来，很快，1000 多元的学费凑齐了，他已经出嫁的姐姐也同意资助他完成高中学业。

这个学生，高中毕业后在义乌开了一家小饭馆。有次他来看我，对我说，要不是我坚持让他去职高学一门技术，他就不会有今天的生活。

2000 年 6 月，我送走了一届学生，同时因为怀孕和产假哺乳，我和班主任工作告别了一年。

2001 年，我揣着杭州师范大学本科文凭，返校上班，担任初一(6)班班主任。这一届的班主任生涯，让我刻骨铭心。

或许当了母亲，我对教师的职业，对班主任工作更是增添了使命感。台湾作家张晓风说："学校啊，当我把我的孩子交给你，你保证给他怎样的教育？今天清晨，我交给你一个欢欣诚实又颖悟的小男孩，多年以后，你将还我一个怎样的青年？"

我深知班主任工作对一个孩子的重要影响。我身体力行，可以说是为了班级的那 41 个学生，几乎是忘了自己：有学生对学习心生懈怠，我以自己对学习的渴求鼓励他；有学生犯错了，我恩威并施，刚柔共济；有学生内心过于压抑，我翻阅心理书籍、参加心理健康专业培训，对他进行专业辅导。犹如梵高那火焰般的向日葵，那时的我，心灵震颤，活力喷薄，在班主任的花海里激情燃烧。

初三那年，班级有几名住校女生提出停宿请求，目的是在晚自习结束后多点自由支配的学习时间，在中考时能顺利进入普高。如果停宿，他们得每天奔波在家校之间，路上花费不少时间不说，家长接送也不方便。当时我在学校里有一个独立的小套，于是我腾出了客厅，在那放了两张小床，一周后又在我的床铺左右摆放了两张钢丝床。

就这样，小小一间房住了五个人。每天，等晚自习结束，我就在我的宿舍里辅导孩子们学习，语文、数学、英语都讨论、交流。有时候，我觉得孩子们肚子饿了，就烧些夜宵给他们吃，比如粥、炒饭、面条加鸡蛋。第二天，迎着第一缕阳光，我又带他们奔跑在校园的跑道上。那一年，我和学生同吃同住同锻炼，不是一家人胜似一家人，在亲密无间中度过了浪漫的“同居”岁月。

那一年，我所带班级中考成绩全校第一，且打破学校班级升学纪录——全班 41 人，除两人放弃中考外，其余共有 22 人上了普高分数线，17 人上了职高分数线。

我常常用光辉岁月来形容这段美好的时光。从学生的每一点进步、班级的每一项荣誉中感受到了生命的价值、班主任的意义，以及工作着的美丽。作为一个身在教育最前线的班主任，我无权无势，但是我却像极了一个“君王”。我有 41 个学生，拥有一间 50 平方米的教室，有三年倾情陪伴的美妙时光。我谦卑而高贵，自由并富足。我愿意成为这样的君王。

中职生涯的心酸和曲折

1998年，我嫁作人妇，先生是杭州人，家住市区。结婚后现实问题接踵而来。虽然学校离杭州只有30分钟的车程，但是幼儿园里的女儿由于想妈妈假装肚子疼把我“逼”回杭州的情形让我辗转反侧。我下了一个决心，要在杭州城里当老师。

我是个幸运的人，机会总是垂青我，2004年8月，我顺利调入杭州市教育局直属公立职业高中。

职业高中里，学生对老师“薄情”的程度比郊区中学学生的更甚。说实话，到城市里当班主任让我产生了很大的恐惧：恐惧自己的非科班出身，六年函授、半年脱产培训的教师功底依旧过于薄弱，缺乏系统的专业知识学习，教育教学知识存有太多漏洞；恐惧学生要将我轰下讲台；恐惧城里的孩子太聪明太调皮，城乡之间的差异会让我水土不服；恐惧带有乡土气息的自己无法适应融入城市的脚步。

但对一个刚调入杭州当老师的我来说，当班主任是必然要经历的锻炼。果然，学校让我接手高二年级的一个班。对城里教育教学和城里的学生极其不了解的我，就这样，再一次走上班主任的岗位。

初来乍到，我一丁点都体会不到教师工作的神圣：学生可以对着你起哄或尖叫；课堂上可以是很多学生的梦游天堂；学生傲慢无礼，规则意识淡薄，旷课迟到不说，早恋离家出走，打架斗殴甚至还被请进派出所……

班里有一个叫东东(化名)的男生,经常迟到或者旷课。我了解到,他 8 岁开始随父母来杭,父亲在一家私企做保安,母亲在租住的房子外间开了一家馄饨店。他非常受父母宠爱。

我去家访时,看到他们一家三口挤在不足 10 平方米的房间。屋子里除了一台破旧的电视机之外没有一件像样的家具,里面没有独立卫生间,水池里塞满了碗筷和锅子、勺子。

带着心酸,我结束了第一次家访。我想用师爱去改变东东。我送去了新被子,给东东妈妈送去了几件八成新的衣物,去新华书店买了几本文学经典送给东东,经常给他买早餐。

东东确实改变了两周:按时到校,不旷课,按时完成作业。可是第三周东东没有来学校。我打电话给东东妈妈,她回复说孩子已经背着书包出门了。最后,东东爸爸在网吧找到了他。之后,东东旷课次数与日俱增。

每次找他谈话,东东都信誓旦旦保证第二天改正错误。可是第二天他还是没来。旷课一周后的某一天,校支部书记让我去他办公室一趟,原来东东半夜拦路抢走一个女青年的 300 元现金在逃,派出所民警在抓捕他,希望我能提供点线索。面包车在杭州城东小巷徘徊了一个多小时,不知怎的,我还是没能帮助民警找到东东的家。

其实,在去东东家的路上,我几乎已经崩溃,我的心一直在疼痛流泪,我为什么不能感动你、改变你?我甚至成了出卖学生家庭住址的引路人?我的学生竟然成了违法犯罪的人?我无地自容,羞愧难当,也为东东的明天无比担心焦虑。

回到家里，我大哭了一场。东东成了我教师生涯中第一个有犯罪前科的学生。那一晚，我彻夜无眠。

祸不单行，坏消息接踵而至。初来乍到，我还不了解学校的考核制度，不熟悉城里的教育环境和中职生的特点，在学期结束班主任工作考核时，我被评为C等班主任。当听到这个消息时，我神经麻木，心彻底冰凉。

在极度焦虑、迷茫、压抑中，我对班主任工作失去了信心，对不当班主任的同事充满羡慕。我心里总是盼着：要是能纯粹地当个任课老师多好，大不了每天和学生面对两节课，熬一熬也就过去了。要知道，班主任得从早上7点干到下午5点，还要面对“六必到三必究”的工作制度，参与各种评比、检查、统计、考核，处理学生各种各样的问题。

那一年，我体重直线下降，整个人的精神状态很差，甚至萌生了很强烈的辞职念头。在家人的劝勉和支持下，我带着恐惧，勉强走进图书馆，走进博库书城，报考国家二级心理咨询师。我努力提高自己的目的只有一个：搞定学生，稳定班级，熬够中级到高级职称所需的五年班主任龄，然后不当班主任。

从2004年到2009年，我当了五年职高班主任，所带班级没有大的违纪，没有大的表扬，整体平平淡淡，安安静静。有两次所带班级还被评为学校先进班集体。2009年，开元和商贸两校合并，我担任学校心理辅导站站长，按照学校不成文规矩，我终于“够格”不当班主任了，而评高级职称所需的班主任龄刚好满五年。

我实现了不当班主任的人生理想，不做班主任的日子，我似乎很快乐：上上自己喜爱的心理课，学校有需要时，跨学科任教电子商务营销。业余时间心安理得地看看话剧，观赏电影，听听交响乐。日子似乎过得非常美好。

可是骨子里，我想更亲近学生，想在他们的成长经历中有我的存在。诚实地说，这希望中的一切，在不当班主任的日子里，我没有得到，因而也没有精神上的真正快乐。不当班主任，很少有学生真正亲近你，靠近你，需要你。你不必为一个学生的德育问题殚精竭虑，可是每天下班回家，上好课后心里的那份空荡荡和失落只有我自己知道。这很让我难受。

为此，我联手上城区政府创立了“人口文化节”，应聘高职院校当心理专职教师。我想，既然不当班主任了，那么就在心理健康教育上有所作为吧，况且，大学心理教授的称呼听起来是多么动听啊。

现在想来，表面上所有的一切我似乎在积极找寻属于自己的位置，实际上我是在迷茫中逃避。不愿面对现实，不愿意深入思考为什么，怎么办。盲从于表面上的安逸和虚无声名，忽视自己灵魂的真正召唤。

闲暇出哲思。真的要感谢这两年的悠闲时光，让我有时间梳理和回望自己的班主任生涯。有精力思考自己究竟需要什么样的人生。

东东的身影在我脑中不时回放，我在伤痛中思考：“教育不是万能的，没有教不好的学生，只有不会教的老师”是句彻头彻尾的谎话。班主任有班主任的无奈，班主任的力量是有限的。学生的成长一定有其必经之路，绕不开，躲不过。学生的痛苦羽化，破茧成蝶，上天自有安排。我们能做的不是控制和决定，而是帮助、影响和等待。教育是一种慢的艺术，我们不能一味求速度，拔苗助长的结果只能让苗枯得更快。另一方面，我也感悟到教育是一个生态系统，学校、家庭、社会三辆马车必须齐头并进。教师必须具备整合各种教育资源的能力，开放视野，多维度思考教育，摒弃关注自己眼前一亩三分地的机械、保守思想。教师更要是一个教育行者。

整体而言，这两年时光可以说是我思考教育、思考班主任工作的真正意义上的启蒙时期。表面上我依然抗拒当班主任，可是内心对班主任工作的抗拒已经破冰，只是当时的我没有觉察。

和班主任工作的最美遇见

2011 年 8 月，正式上课的前一天，学校领导突然让我接任电子商务班的班主任，因为有同事怀孕休假。我寻找各种理由极力推脱，学校六位领导和德育主任、年级组长轮番前来劝说。无奈之下，我答应接任一个学期的班主任，但没想到我这一带就是三年。

带这个班的心情，起起伏伏难以言表！高一第一学期，我完全是临时班主任心态，一方面怕我的带班痕迹过多，会给接班的真正班主任带来麻烦，另一方面我确实也担心我投入过多会爱上这个班。那么多人不愿意当班主任，自己偏偏当了班主任，多少显得另类，所以会加剧孤独。所以，“三分三，过得去，差不多”成了我工作状态。2012 年我顺利取得心理健康高级教师资格。高级教师，我当老师的终极目标实现了。我没有任何理由再当班主任了。我三番五次去校长室申请不当班主任，可是校长置若罔闻。他就认定，这个班的班主任非我莫属。

2013 年 3 月 8 日，我动了一个小手术后返校上班，参加学校举行的妇女节饮茶活动。在接受同事们温暖的问候后，我在偶然间听到了一句感慨："陈美女，你也真够命苦，为了不当班主任，你都已经去住院动刀子了，学校还不放过你！"

一时间，我竟然有种受侮辱的感觉。我的确三番五次去校长室要求不当班主任，可是我决然不会为了逃避拿自己的身体开刀啊。

班主任，这是一种怎样的害怕和绝望？我感到前所未有的无地自容。每每想起，我的内心都充满了隆重的悼念！班级里的学生已经步入高二年级了，我对学校有意见，可学生们是无辜的。我不断激励我自己：等我把这个班带毕业了，看你们领导还能想出什么理由让我再带班？

在"最后一届"心态的驱使下，我一个人活得像支队伍，每天给自己"打鸡血"，要求自己不气馁、再坚持、再努力。每天 7 点 10 分进教室，手捧书籍认真阅读；每天放学，在教室陪伴留学的学生做完当天的作业；每个周六，雷打不动到学校陪伴学生进行整整一天的补课；把办公室搬到教室旁边的心理辅导室，每天为来不及吃早饭的学生准备牛奶、饼干、面包等营养食品；联合家长开展励志梦想教育，在教室后墙贴上"我要上大学"五个字……

2014 年，班级学生高职考全部上线，42 人中，分数在 520 分以上的竟然有 26 个。这其中固然有任课老师及生源质量优异的因素，但我班主任工作的用心程度也是有目共睹。

犹如阿尔8月阳光的色彩,放大光芒的,还有发自内心的虔诚。这一年,我班被评为杭州市先进班集体。

2014年4月,学校推荐我去参加杭州市班主任基本功技能大赛。比赛分笔试和面试。笔试的主要内容是班主任应知应会的基本知识填空,案例分析题是设计一堂主题班会课教案;面试主要是德育故事演讲。

从接到通知到正式参加比赛,只有四天的准备时间。我想姑且去碰碰运气吧,反正参加就是了,心想谁也不指望我能得个大奖回来。笔试那天,我发现自己对班主任工作"应知应会"的填空题、案例理论分析题,大脑中几乎是一片空白。但我还是用我朴素的理解在考试卷上写了满满的文字。主题班会设计没有难倒我,我思路顺畅,下笔千言,没费多大力气就写好了关于自信教育的《我是一只蜗牛》的班会课教学设计方案。比赛结果出乎意料,我竟然通过了预赛。复赛是五分钟的德育故事演讲。我再接再厉,热情洋溢地写了1300字的德育故事,充满自信地参加了德育故事演讲比赛。比赛很成功,我看到了五位评委老师眼睛里的赞同和欣赏。预赛和复赛两项分数相加,我意外获得了杭州市班主任基本功大赛中职组二等奖。后来因为比赛领奖等原因,我有了几次和优秀班主任学习交流的机会。我聆听了他们的讲座,我观摩了他们的主题班会,听到了一些他们当班主任的心路历程。这个过程中,我备受鼓舞,心情愉悦。我幡然醒悟:其实我是喜欢当班主任的。

我第一时间找来几本班主任"应知"的书籍,如《叶圣陶教育文集》《德育原理》《给教师的一百条建议》《我的教育理想》等,认真研读。与此同时我还从学校图书馆借来了《班主任之友》杂志，购买了 2013 全年《班主任》杂志，时不时拿出来翻翻、想想。就这样，从来没有看过一本专业理论书籍，从来没有认真研读过一本班主任专业杂志的我，孜孜不倦、如饥似渴地读着这些滋养班主任工作灵魂的文字。

这次比赛的最重要的意义不是我获得了二等奖，而是让我明白，原来当班主任是需要理论指引，是需要专业素养的。我始终在想，如果我早懂得这些，我是不是可以少生很多气？如果我早懂得这些，我是否可以改变影响更多的学生？当然我自己本身也一定能在改变中收获教育的成就感。对我来说，为学生的健康成长搭建平台影响学生，服务学生的同时，追求自我价值的实现，追求精神的愉悦，追求桃李满天下的幸福，才是我教师生涯的终极目标！阅历最伟大的地方不是取得什么现实成果，而是在成长的路上真切地发现自己。生活不是那么简单的概念，真实的生活要过成怎样，是要我们自己完成和回答的。

这次班主任技能大赛，成了我班主任生涯的一个里程碑！

受到班主任技能大赛的精神激励，我在同事们的诧异目光中，送走 2011 届高三学生，并再度担任了班主任。

2015 年，市里要开展班主任工作室领衔人的选拔，要求是 15 年班主任工作年限的高级教师并仍旧在一线当班主任，工作有实绩、有特色，有一定的文字能力和理论水平。六位学校领导经过考虑，一致推荐我代表学校去试试。

恐惧再次席卷而来。笔试面试的要求一点都不轻松，若表现太差，就会辜负大家的期待，丢了学校的面子。

那一个半月的准备，用疯狂来形容一点也不过分。读书、摘录、思考、反思、总结成了我工作生活的主旋律。我和苏霍姆林斯基对话，我和朱永新交流，我和叶圣陶切磋，我和《班主任之友》讨论。

现在想来，这是一份多么宝贵的精神财富啊。我一气呵成地写了5000字左右的关于班主任工作室三年规划的论文，又自信从容地参加了面试。面试老师对我的论文答辩做出了很大肯定。

面试结束时，面试老师说：陈老师，你一定会成为一个好班主任，你也适合当班主任。一时间我心潮澎湃，感慨万千。这场面试成了我班主任之路的转折点。

从教26年，有21年都以班主任的身份度过。和绝大多数班主任一样，当班主任最原始的动力只是没有选择的选择，但是追溯这几年的班主任心路历程，无论是最初的恐惧失业、期望转正，还是后来的恐惧落后、期望融入城市，抑或是起初的高级教师资格追求、后来的班主任工作室领衔人的选拔，隐隐约约，一条主线或明或暗地贯穿其中。这条线，就是发现自己并且找到自我价值实现的道路。

生活真的很用心良苦，犹如班主任工作，有人一路雄鹰高飞，有人如我般紫燕低回，百转千回之后，在某个转角处，它依然对你不离不弃，顾盼嫣然。

尾　声

人通常生活在两个世界里，一个是生活世界，一个是梦想世界。我自认为是属于那个既活在现实里又活在梦想里的倔强的中年女子。

人到中年，好像梦想已经成了奢望。而我偏偏觉得只有经历风吹雨打，巨石重压，才有傲然不屈的灵魂从石缝中开出娇美的花来。

教师的价值从来就和功名利禄无关。当班主任幸福吗？其实，借用幸福教室创建者李红霞的话来说，获得职业幸福其实很简单，“第一眼喜欢”就是了；把职业幸福变成事业追求，“读你千遍也不厌倦”就是了；把事业追求变成生活享受，“呼吸着你的呼吸”就是了。

当班主任确实很辛苦。可是，我更多的是沉浸在学生们提升的“小确幸”之中，所有的辛苦，早已化作了漫天飞舞的美丽雪花。我特别喜欢“教学相长”这句话。确切地说，我的成长其实也是由学生推动着的：要么轰轰烈烈，要么悄无声息。我身上的所有美好的品质，即善良、乐观、自信、果敢，以及“明知前有虎，偏向虎山行”的闯劲和胆魄的后面，其实都站着一个个教育着我、影响着我的那些或调皮或聪明或迷茫或认真或哭泣着的学生。学生让我懂得敬畏生命，超越梦想，学生让我体验人性的善良和教师的幸福。从教20多年，从小学到初中，从初中到职高，从农村到城市，不同学段，不同环境，不同发展趋势的学生们的成长架构了我的生命坐标，让我喝到教育的牛奶和蜂蜜，让我体验到生命的丰富，教育的伟大和精彩。

班主任工作成就了我，激励了我，幸福了我，叫我如何不喜欢？

教育如天，班主任工作就是地。在梵高的星空下岁月流转，走过平湖烟雨、岁月山河，我深深地懂得，做班主任，那是我拥抱世界的最浪漫的道路。

最是那一抹书香

每到 10 月，几番金风凉雨过后，秋阳复出之时，学校里那几株桂花树，满树的桂花盛大开放，香飘校园，沁透肺腑。何其幸运！我们书香班的教室恰好就在两棵桂花树的旁边。清晨，步入教室，打开窗户，桂花香扑鼻而来。闭会眼，深呼吸，然后晨诵、午读、暮省，别有一番诗意。那是我和书香班 43 个孩子一天中最美好的时光。

岁月流转，高一、高二悄然而过。高三时，由于高职升学和就业实习调整分流，书香班搬到了五楼，书香班的学生已经不再是先前的那 43 个。可是教学楼 2505 教室里，无论是四周墙壁上那一抹书香蓝，墙角那满满书香的图书角，还是后墙的“德育园地”，依然书香芬芳——《垫底辣妹》的影评，《当幸福来敲门》的剧照，以及小说《平凡的世界》的读后感。趁学生沉浸于钻研和思考时，我总是忍不住悄悄注视这新书香班45个学生的脸庞，任思绪飘扬，任心灵放飞。我知道，书香班的有些东西永远不会消失！

我是一个资质平庸的人，无论是外貌、才能、智商还是情商。青少年时代，我对自己充满怀疑，充满忧虑，以致在相当长的时间里无法接纳和认可自己。就连自己的名字——陈明梅，我也不喜欢，觉得拗口又老土，没有灵气，没有内涵，没有气质。

改变我这种状态并且对我影响深远的是代教岁月里的一次阅读。一个周末的下午，我偶然地从一张废旧报纸上读到文章《牛津乞丐也读书》，说的是三九严寒的纽约街头，一个乞丐顶着风寒专心阅读凡尔纳小说的故事。当时，我内心的震撼无法用语言来描述。对乞丐而言，读书是一种生命的需求。书是生命的面包，书更是一种对生命的慰藉。我执着相信，一个生活陷入困顿，即使无暇温饱也要和书温柔相拥的人，对生命、对生活是充满了敬畏的。

那以后，无论日子过成怎样，我始终没有停止阅读。读书让我跳出了狭隘，视野开阔，思维活跃，心胸豁达：我发现了现实生活以外的丰富而美丽的世界，领略到世界的瑰丽与壮观；我认识了众多优秀的班主任同行，他们的成长故事让我在孤独彷徨、迷茫困顿时看到了前行的光亮。我常常为同仁们的智慧教育拍案叫绝，为他们的公民教育、常识教育实践而倍感激励，为他们来源于师爱的执着和守护泪流满面。

新教育专家朱永新教授认为,一个人的阅读史就是一个人的精神发育史。阅读经由灵魂深入个体,对个体的生命成长影响很大,影响着一个人价值观、审美观和人生观的形成。

回顾自己的带班历程,我认识到自己在班集体建设中缺乏系统思考和前瞻性规划,"救火式"处理问题多,积极有效引导少,传声筒式布置任务多,结合班级实际系统引领少,班级建设多为"管理控制型"。虽然在学校的考评体系中我的班级成绩不错,但这只是出于遵守学校规章制度,完成学校布置的德育活动任务等方面的考量。对班级建设而言,更应该有人文思考和关注学生的可持续发展。教育是塑造人的灵魂的事业,正如爱因斯坦所说,教育就是当一个人把在学校所学全部忘光之后剩下的东西。

我想到了书香班级。书香班级建设立足于系统性、可持续性和人文思考,能从根本上拒绝教育的短期效应和功利化趋势。雅斯贝尔斯说:教育就是一棵树摇动一棵树,一朵云推动一朵云,一个灵魂唤醒一个灵魂。我深以为然!

刚开始,大多数书香班同学的阅读习惯为电子阅读,尤其是碎片式阅读。在内容选择上,也多是盗墓、言情、悬疑、武侠或明星八卦,那些能支撑起生命样貌的经典图书的整本阅读极其缺乏。长此以往,极其容易造成思想僵化,目光短浅,并会产生思维惰性,对世界、对社会、对他人缺乏理解、信任和包容。

中学时代是一个人可塑性最强、记忆力最好、学习兴趣最旺盛的时期。如果我从建设书香班级入手,引领学生亲近阅读并最终踏上全书阅读之路，学生拥有了良好的阅读体验，那么他们的精神样貌将会有怎样的改变啊！

阅读也是训练思维品质、管理情绪、应对挫折的最好方式。班级里的学生正处于青春躁动期，性情浮躁，受当下追求享乐思潮的影响，追求安逸，讲物质，耐挫力差。阅读，能健康心理，优化情绪，锤炼意志。而这正是孩子们人生银行里最必要的投资。

我愿意实践，且满怀期待。

我深信，营造班级书香阅读环境，以书香滋养学生底气，用书香凝聚班级细胞，用书香怡情益德、养心润心，用书香导行塑形，整个班集体必定会继续焕发勃勃生机，散发迷人的书之馨香。都说当教师不能没有自己独特的风格，不能没有自己鲜明的个性。没有思考，没有棱角，随波逐流，循规蹈矩是教师成长的最大敌人。清华附小校长窦桂梅说："我经常告诉自己，人云亦云尽量不云，老生常谈尽量不谈，对自己的教学，不要考虑完美，要考虑最有特色。"帕尔默在《教学勇气》中说："真正好的教学不能降低到技术层面，真正好的教学来自教师的自身认同和完整。"

教学要有特色，其实班级建设何尝不是如此！

一个热爱阅读的班主任一定会带出热爱阅读的班级，一个"人班合一"的班主任必定会让班级建设闪闪发亮。我喜欢阅读，喜欢话剧，喜欢电影，喜欢梵高、毕加索，喜欢听交响乐。或许因为我 21 年的班主任经历告诉了我阅读对于中职学生的重大意义，或许因为我对话剧的咬文嚼字颇有感觉，或许因为我深知电影不仅是一种艺术更是思考现实的工具，或许也因为我深深地懂得音乐的力量，我把班级的建设目标定位为“书香班级”。

因为是书香班级，主题班会可以是以电影《肖申克的救赎》为素材的“希望从来不曾消失”的生命教育，运动会入场式可以是“广袖飘飘，衣裙缈缈”的汉服表演，元旦文艺会演可以是“相信未来”的新年诗会、文学沙龙、好书分享会。家长会、家校通甚至寒暑假作业，都充满了浓浓的书香。一路浓郁书香，满身青春品质。在班主任工作中，我呈现出了自己真实的生命状态，我找到了班主任工作的意义和价值，我明白了我是谁，最终我完成了自我与班主任工作的连接。

无数次地想象，从书香班走出去的孩子们会对这间教室有怎样的记忆？他们会想念吗？他们会留恋吗？他们会为自己的中职青春高呼万岁吗？

人近五十，我越来越明白，一个人活着实在干不了几件事情，能把一件事情干好就已经相当不简单了。我想我能干好的事情非当班主任莫属了，我的生命已经无法和班主任分离。虽然现在的教育评价制度很容易让教师掉进荣誉的陷阱，但走过 20 多年的教育人生路，我懂得教育远比荣誉、获奖、论文、课题等更值得我追求。于我而言，教育就是守住书香教室，关注孩子的生命状态，无所忧，亦无所惧。

建设书香班，写下我的思考和感动，记录我的脚步和成长，拷贝我对教育的理解和感受，粘贴我卑微而崇高的教育理想。每每这样想来，心情豪迈得无以复加，激动澎湃得彻夜无眠。仿佛听见生命毕毕剥剥成长拔节的声音，犹如第二青春期的到来。

沈从文说:“我行过许多地方的桥,看过许多次的云,喝过许多种类的酒,却只爱过一个正当最好年龄的人。”当了 21 年的班主任,和七个班的孩子、七个班的家长相遇,其实都是我最美年龄里最美的遇见。

谨以此文送给我和我的书香班。

初心从来不曾改变

2014年暑假，我去了北京孔庙。抬头看着那块悬挂高堂"万世师表"的匾额，内心充满了深深的敬意。当年康熙皇帝到曲阜孔庙时御赐匾额，想必也是出于对孔子伟大人格的敬仰吧。而今，世界的喧哗和吵闹常常让人分不清东南西北。"天下熙熙皆为利来，天下攘攘皆为利往"，那些心怀虔诚，保持干干净净初心出发的人似乎已经不多了。

范仲淹赞赏严光的高风亮节，那句"云山苍苍，江水泱泱，先生之风，山高水长"绵延了千年。诵读此诗时我常常想起陶行知，一个一生致力于平民教育，透着才气、英气和大气的伟大教育家。面对教育，他“捧着一颗心来，不带半根草去”。他说，几十年的学校教育把我从西方贵族的方向渐渐拉近，而经过一番彻悟，我就像黄河决了堤，向中国平民的道路上奔涌回来了。他放弃大城市优渥的生活，移居南京郊外贫困落后的村落——晓庄，住牛棚，吃糠咽菜，他用自己的生命践行教育，捍卫教育。陶行知先生知行合一，对生命精神的张扬，对教育的热爱，激励我虚下心来、扑下身去，继续高举教育理想信念的大旗，不忘初心，以一个中职优秀党员教师的形象站立在教育的高岗上。

夜深人静时，我常常扪心自问：我的教育初心是什么？在繁杂的班级管理和神圣的教育之间，天平的一端重重地偏向教育。工作中，少一些管理，多一些教育，热切关注每一个生命。注重教育的精耕细作，最大限度地影响学生的心性涵养。告诉“家有六套房”的厌学娃，学习的目的是丰富灵魂；告诉布置教室文化的团支书，“成长的足迹”照片墙绝不能少了那个很努力的她；摒弃抽象空洞的说教，切实给予具体学习方法的指导，给成绩落后的学生以后来居上的机会；拒绝孩子因为捐书而想加品德分的要求，告诉他那是对爱心的亵渎；严肃批评为了不给班级扣分要小聪明逃避学校迟到签名的孩子，告诫孩子：破坏规则，逃避对自己不良行为的处罚，是不负责任、没有担当的表现，这才是真正影响班级声誉的蠢事。

教育的初心是点亮人生，在学生的心田里种下绿色的种子。

去年 8 月，因为学校人事变动加上德育主任临时外出培训，校区急需一个能担负起德育工作的教师。受命于“危难之际”，我经历了内心的挣扎。毕竟，我对自己职业规划也日渐清晰，其中并没有德育主任的位置；况且，除了德育主任工作，我还要担任班主任以及每周10节高二语文课的任务。这样的工作量，会让我生活在巨大的忙碌之中，像陀螺，像机器。

但我还是承担了下来。一开学，细碎繁杂的工作接踵而至。刚整理好一份工作表格，又来一个德育活动通知；刚从班级上完课回来，发现办公室里已经有学生家长在等候。加班成了我的家常便饭，有时甚至忙得连上卫生间的时间都没有。我只有天天给自己打气，给自己鼓劲，在日志里写下"春风浩荡时刻，却是我工作滔滔之时"这样遗憾的语句。一天中午，同事很认真地提醒我：人瘦了，背也有点驼了……

处理完德育处的一堆杂事后，我关上办公室门，花了很长时间认真地吃了一只柚子，安静地将办公室的花花草草修剪整理了一番，给座椅换上了新装，然后徒步回家，且行且思。

工作固然是我必须营造的殿堂，可我必须在这殿堂后面建构一个更为博大的精神后花园。

晚饭后，踱至博库书城又买了几本书。我告诉自己，无论任何情况，我都必须以生命在场的姿态让自己强大起来，真正悠闲起来。

好吧，透过文字，隐约中我仿佛看见了南山下的陶渊明，瓦尔登湖畔的梭罗，阿尔烈日下画着向日葵的梵高，他们那"悠闲"身影永远不朽。德育最要紧的是理念。注重育人，心怀师爱。不控制，不忽悠，影响陪伴，引领成长。给年轻的班主任以身示范，和有资历的班主任老师切磋交流。注重德育细节，优化德育活动，讲爱心倡奉献。红五月大合唱、高三毕业典礼、贸易节管理等一件件大事有条不紊开展。敢于批评，勇于表达，对德育管理和班级管理提出自己的思考。坚决捍卫德育理念，恪守教育良知，身体力行，努力不止。

2016年6月，根据学校安排，我带班2年的电商147班解散了。我开始接手由各班同学整合组成的高职预备班级。

带这样的整合班级，会增很多劳累、很多失落。一切都在我的预料之中。暑假前为期10天的观察，学生们的表现已经充分证实了我的猜想：大多数孩子学习能力弱，行为习惯差，集体意识淡薄，既自我又自负。但无论如何，他们还是孩子，我还是一个教了26年书的老师；他们还有上大学的愿望，还有挑战自己的勇气，还有想让自己变得更好的美好想法。我还有一些教育的热情、经验和思考，以及永不磨灭的教学勇气。办公室那一堵书墙鞭策我，教师那甘为人梯的思想照耀着我。淡泊名利，坚定信念，脚踏实地，甘于奉献。活出精神闪亮的自己这一信念，早已融入血液，深入骨髓，伴我行走在教育的道路上。罗素曾经有言："所有伟大的艺术和伟大的科学都是源于起初那种虚无缥缈的幻想——那种向人们召唤，诱使人们舍弃安全与舒适去忍受悲壮痛苦的奇美。凡怀有这种情感的人绝不会受名缰利锁的束缚，因为人之变得伟大，全归功于这种热情。"因为有了这种热情，我挑灯夜战，彻夜撰写教育日记，为了一个教育问题茶饭不思，辗转反侧，为了主题班会课设计，教案写了又改，改了又写；和学生们一起，为班级进步而挥臂欢呼，为一时失利而悲伤难过。和学生在一起，我会感觉自己时时年轻而有活力，虽有中年之躯体却没有中年之心境。我越来越幸福，感觉到和学生们在一起，我没有中年。

我深知，最崇高的师德不是传授多少知识，而是用自己的光辉点亮学生们的心灯。教育是激励、鼓舞、唤醒；教育是影响、陪伴、服务。为此我无怨无悔。教育的初心就是灵魂深处涌动着的一种使命。

人的长相，分体貌和心灵。俊美外表，标致五官，如花开艳阳，养眼直接；心灵之美，谦逊涵养，似暗香浮动，要靠长期的修养方能呈现。

都说教育是美丽的事业，塑造人的灵魂，培养人的精神长相。在《子路、曾皙、冉有、公西华侍坐》一文中，孔子的学生曾皙就描述了这样一幅理想社会图景："莫春者，春服既成，冠者五六人，童子六七人，浴乎沂，风乎舞雩，咏而归。"时光已静静流淌了两千多年。而今，面对物质丰盛、科技发达、价值多元、经济腾飞的现实世界，我们依然要笃定内心，培植信仰，拒绝浮躁，远离功利；在实践中思考，在跋涉时坚守。做教师绝对不是简单地传授知识，而是承载着国富民强，培育人才的沉甸甸的历史重任。教学生学会思考，坚持正义，教学生永怀敬畏，恪守良知，这是每一位教师的责任和担当。

巴尔蒙特说："为了看看阳光，我来到世上。"为了教育的理想和信念，我甘于把日子过得风平浪静，波澜不惊。守护平淡，纯正品格，努力做个有胸襟有眼光，"面朝大海，春暖花开"的阳光教师。面对学生的成长，不急功近利，而是宽容、陪伴、尊重，在守望中静待花开。在这个功利主义盛行的时代，努力在学生心中播下精神的种子，让他们在迷茫、困顿时还能呼吸高尚空气，在挫败、失意潦倒时也还能扬眉吐气。我深知，作为一个教师，人文素养比学识才干更重要。根植于内心的素养，为他人着想的善良，无需提醒的自觉——这样的文化积淀，会让教育熠熠生辉。教师心里装满阳光，学生心里才会盛满诗情画意。

教育的初心就是执着地做有理想有信念的教师。

对土地的感情，只有耕作其上的老农体验最深；对学校的感情，只有耕耘杏坛的教师最有感触。当一种职业成了你的生命，当你在从事这项工作时抱有情怀，你就能在任何困难和阻力面前依然坚守自己的理想和信念。

台湾著名作家刘墉说："你可以一辈子不登山，但你心中一定要有座山。它使你总往高处爬，它使你总有个奋斗的方向，它使你任何一刻抬起头，都能看到自己的希望。"

教书育人，巍巍昆仑，仰望星空，高山仰止。

教育初心从来不曾改变。

菁菁校园里，莘莘学子是风景，教师是风景，阅读更是风景。阅读能把自然人教化成社会人，阅读使人走向社会化。基于阅读，教师和学生相互欣赏，且相映成趣。文字中富有钙质，阅读就是让学生学会做人。

贰 阅读

阅读的意义

阅读是最好的自我矫正、自我成长的方式。在阅读的世界里，学生们获得了情感的滋润，心灵的慰藉，精神的滋养。阅读是生命的旅程，它开阔学生们的眼界，改变学生们的思维。靠着吮吸书中的一点点美，一点点营养，青春就能拼命地长出自己的样子。

请将梯子横放

语文教学中，作文的重要性无须赘言。

2016 年 9 月，我按照学校教学安排，担任了高职预备班的语文老师。顾名思义，“预备班”指的是由学习基础薄弱但有升学欲望的学生组成的班级。

学生刚开始的作文练笔，着实让我焦虑和迷茫。绝大部分人的习作，都不能从材料中提炼出正确的观点，只好停留在道德的评判，聚焦在事情的对和错，纠缠于情感的表达和宣泄，或者干脆把自己代入材料故事中的人物，编一个同等情节的故事。他们不关心事件之所以发生的“为什么”，也不关心事情发展的多种可能，更不会在意事件之后“怎么办”。个别学生虽然立意正确，但不会组织论证，作文有观点的提炼但没有材料的支撑，不会摆事实讲道理，更不会有理有据地表达，只会胡诌一通。

我冥思苦想，却束手无策。

第一次月考作文试题：“一个小男孩和一个小女孩在玩耍，小男孩收集了很多石头，小女孩有很多的糖果。小男孩想用所有的石头与小女孩的糖果做个交换，小女孩同意了。小男孩偷偷地把最大和最好看的石头藏了起来，把剩下的给了小女孩。而小女孩则如她允诺的那样，把所有的糖果都给了小男孩。那天晚上，小女孩睡得很香，而小男孩却彻夜难眠。他始终在想：小女孩是不是也跟自己一样，藏起了很多糖果？”

学生走出考场回到教室后，个个叫苦连天，都在感叹说根本不知道写什么，一头雾水。批阅学生作文的过程中，我也的确感觉到他们真的是乱写一通，语言表达绝对化。比如，“每一个法官都是清廉的人，他们手中的小槌给凡人们一个个应得的报应”“现在的社会早已脏乱不堪，缺少一个真心安慰别人的人”等。有的学生把诚信与诚实、正直与诚实、信任与信用画了等号。最为严重的问题仍然是立意，从《自私与善良》《要学会知足》《乐在共享》这样的标题就能看出偏题。其他还存在文不对题、套用材料编故事等问题。

为了找到帮助学生摆正作文立意的方法，我查阅了大量资料。首先是日常对话训练，和学生聊天。我像是那个在广场上四处寻找猎物的苏格拉底，总是没完没了追问为什么，是什么，怎么办，弄得好多学生不敢来找我问问题。

我又想到了利用课堂答疑。你不和我聊天，那我就课堂提问。我对学生公开宣称，只要能辩倒我，语文过程性评价可以加分，还把它写进语文考核评价条例以示激励。

有一节作文指导课，我提供了这样一则材料：某工厂车间角落放置了一架工作使用的梯子。为了防止梯子倒下伤着人，工作人员特意在旁边写了条幅“注意安全”。这事谁也没有放在心上，几年过去了，也没发生梯子倒下伤人的事件。有一次，一位客户来洽谈合作事宜，他留意到条幅并驻足很久，最后建议将条幅改成“不用时请将梯子横放”。

对这则材料的课堂讨论，学生多半只停留在“细心”层面。我竭尽“洪荒之力”不断启发他们，一名学生终于问出了一个关键问题：为什么客户和工作人员会有不同的做法？

一时间，我感觉这名学生的声音真的充满魅力。我因势利导，学生终于得出结论：因为两人做出选择和判断的出发点不同，一个是从人的角度出发，一个是从完成自身工作角度出发。终于说出了最佳立意。为了记住这个回答，我把作文辅导课取名为：请将梯子横放。

后来，偶然读到一篇北京大学的一个历史系教授写的文章，说是中学生作文不会立意跟缺少哲学思维有关。仔细一想，觉得一言中的。

所谓哲学思维，就是人们认识、改造客观世界时所运用的具有哲学特征的思维方法。其最重要的部分是不盲从权威，追求辩证性，反对片面性和绝对性。

哲学思维方式其实就是理性思考的方式。简单地说，哲学思维方式不在于给人多少具体的知识，也不在于帮人解决了多少具体的问题，它的最大作用在于给人提供了一种正确的理性思维模式，培养和锻炼了人的思辨能力，从而使人们树立正确的人生观和价值观，类似于“授人以渔”。

众所周知，对学生而言，哲学思维方式的获得最终只能从阅读的积累中、作文的练习中获得。写作能手必定也是思辨高手，写作的过程就是思考的过程。从这个意义上来说，写作就是思维。

我还想到了另一个不容忽视的问题，如果没有阅读的支撑，写作便如“巧妇难为无米之炊”，所以提高哲学思维本源上还是阅读和写作同步，读读写写相结合。

书香班成立以来，我推荐的书目里从来没有哲学类。我是不是可以引导启发学生自己悟读一些相关的哲学文章，了解哲学家的成长，看看他们在想什么问题和怎样想这些问题？我是不是可以做点激发兴趣的工作呢？查阅了很多资料，翻看了几页推荐书目，结合书香班级实际，最终我选择了《哲学的慰藉》。

《哲学的慰藉》由英国人德波顿撰写。全书分成六个章节，记叙了苏格拉底、伊壁鸠鲁、塞内加、蒙田、尼采、叔本华六位哲学大师的精神世界。人生的最大痛苦往往就是与世不合、缺少钱财、挫折、缺陷、伤心、困难等问题，这本书详细介绍了哲学家如何思考这些问题，如何坚持独立思考，并且向我们说些宽慰而又切合实际的话。文字娓娓道来，笔调轻松，是一本非常适合中职学生阅读的哲学启蒙读物。

《哲学的慰藉》读书活动从塞内加开始。高职书香班虽为书香班的延续，但是因为高职的压力，班级学生很明显的一个特点是耐挫力差。塞内加的经历是一系列挫折的综合词典，而他的智慧就是对挫折的一系列回应。他的著作始终贯穿一个思想：我们对有心理准备的、理解了的挫折承受力最强，而准备最少、不能预料的挫折对我们伤害最重。哲学的任务是教会我们在愿望碰到现实的顽固之壁时，以最软的方式着陆。布置阅读任务两周后，读书活动正式拉开帷幕。

一、语文课代表激情介绍油画《塞内加之死》

公元 65 年 4 月，在罗马郊外的一所别墅里，伟大的哲学家塞内加的生命即将走到终点。几小时前，一名罗马军队的百人队长刚来过这里传达皇帝的旨意，令塞内加立即自裁。亲友们听说这个命令后都大惊失色，哭了起来。哲学家不动声色，努力劝他们止住眼泪，重新鼓起勇气：你们的哲学哪里去了？妻子包丽娜挺着袒露的右乳，身上的服装更像是为大歌剧院准备而不是为罗马帝国准备。油画里的塞内加不像一名垂死的哲学家，更像一个奄奄一息的帕西夏。哲学家处变不惊的精神为后世所景仰，经久不衰。塞内加《论生命的短暂》中那些经典的论述光彩耀人：

> 生命并非短促，而是我们荒唐太多。一生足够长，如能悉心投入，足以创造丰功伟绩。然而，在漫不经心、挥霍无度，汲汲于无聊琐事，最终到达万劫不复的终极之时，我们才会幡然悔悟。

将自己的时间为己所用的人，总是把每一天安排得像是最后一天的人，他们既不渴望又不惧怕明天的到来。

不幸的人——就是那些沉迷于杂务中的人。如果我们具备了崇高理想，能够跨越人类弱点的狭窄界限，就可以在久远的时间大道上徜徉。

何必为部分生活而哭泣？君不见全部人生都催人泪下。

二、联系自身实际，参考书籍内容，请你说说你对以下塞内加名言的理解。

1. 我们的怒气来自一种信念，认为某种挫折没有写进生活的契约中，这种信念发源于近乎喜剧性的乐观，但其后果却是悲剧性的。

学生 1：生活中不如意是个客观存在。

学生 2：一帆风顺的生活不是真正的生活。唯有经历了失败、痛苦、挫折的生活才是完整的生活。

学生 3：那些渴望生活都是喜剧的人，本身会成为悲剧的一部分。

2. 对不公正的抱怨本身就暗含着一种信念：坚持认为这个世界基本上是公正的。

学生 1：不公正是世界的本来面貌。但我们可以为不公正而抗争。

学生 2：为追求公正，我们要永远走在路上。

学生 3：抱怨可以有，但抱怨过后还是要积极面对。

3. 如果你想消除一切担心，那么请你设想你所害怕的一切会发生。

学生 1：这是减压的一种技巧。就是说，事先要把担心的事情想象到最糟糕的情况来临时的样子。这样心里面就有了预期，不至于在害怕的事情发生时，精神崩溃。

学生 2：担心是不必要的，船到桥头自然直。顺其自然比较好！

由于高职复习原因，我的《哲学的慰藉》读书活动仅仅实践了“塞内加”一个篇章，并且这一篇章也是我事先筛选后确定的。我只是以这种“蜻蜓点水”的方式，引导学生读一点哲学，为阅读打开一扇窗。

阅读不是单纯为了高考。人在任何时候都不能忘记阅读。休闲的时候，欢乐的时候，痛苦的时候，疲劳的时候，迷茫的时候……读书是一种生活方式，是对生命的慰藉。

蓝色的蘑菇在飞翔

林小田（化名）是抑郁症患者。初二时，抚养她长大的奶奶脑溢血突然离世，她从杭州赶到福建老家时，奶奶已入土。来不及和奶奶告别这件事，成了她的心病。

由于妈妈没有继续生育的能力，林小田的爸爸妈妈离了婚。很快，她爸爸娶了一个25岁的大学生做妻子。林小田跟妈妈一起生活。

在生活、工作双重压力之下，林小田妈妈郁郁寡欢。林小田初三那年，她妈妈因乳腺癌去世，她回到了爸爸身边。

在家里，爸爸妈妈宠爱弟弟，爸爸整天忙着生意无暇关心她，后妈和她没有共同语言，甚至还嫌弃她影响了自己的生活。

为此，林小田得了抑郁症。这是她自己在周记里告诉我的。她说她经常想奶奶，想妈妈，“原本，妈妈打算在春节时带我去澳洲看蓝色的蘑菇，那种传说中吃了眼睛会变蓝的美丽的蘑菇的……”

第二天，我找她深入地聊了一次，欢迎她随时找我聊天，并嘱咐她配合医生治疗。作为班主任，作为一名国家二级心理咨询师，我希望自己能帮她走出这个内心的黑屋。

但在开学后三个月里，林小田大部分时间都处于压抑和沉重中，脸上几乎没有青春女孩该有的笑容。我经常找她帮我干点细碎活，比如去传达室帮我拿网上买的书，去别的老师办公室帮我送资料等，趁机和她多聊聊。但林小田总是不太愿意敞开心扉。

一次，在杭州市学生心理热线案例督导会上，我读到了“阅读治疗”抑郁症的一篇文章。说的是西汉太子刘奭八岁时，他的母亲被朝中权臣所害，刘奭自身也受到诸多算计。长期生活在恐惧中的刘奭，患上了严重的抑郁症。后来他父皇汉宣帝派辞赋家王褒等人针对太子病情创作了《甘泉》和《洞箫颂》等辞赋对他进行诵读治疗，经过一段时间，刘奭摆脱抑郁，后来继位为汉元帝。

林小田比较喜欢阅读呀,我脑海中顿时想到这个姑娘!

阅读治疗要取得理想的效果,关键是要阅读对症的文献。我头脑里随即浮现了余华小说《活着》里那个叫福贵的老人。他牵着一头老牛,站在爹、娘、妻子家珍、儿子有庆、女儿凤霞、女婿二喜、外孙苦根七座坟墓前,时而拍拍黄牛,时而眺望西方,放下锄头,看着落日,看太阳将最后一抹光芒洒向西边的黄土……《活着》这本小说非常适合对林小田进行阅读治疗,因为我相信福贵坚强面对亲人的离开,能够触及林小田的灵魂,打开她心理问题的症结。

林小田阅读《活着》,仅仅用了三天时间。

我先和林小田讨论了一下福贵生命里的七个重要他人,梳理了七位亲人逝去的先后顺序。然后,我"残忍"地要求她用文字写下福贵的苦难。

地主少爷福贵不务正业,逛妓院,逛赌场,嗜赌成性。赌光了祖传家业后,一贫如洗。老父亲被气死,妻子一度被丈人强行接回娘家。福贵因母亲生病前去城里求医,半路上被国民党部队抓了壮丁,后被解放军俘虏,回到家乡时,他才知道母亲已经过世,妻子家珍含辛茹苦带大了女儿凤霞,儿子有庆。但女儿凤霞一次发高烧,因没钱及时治病,不幸变成了哑巴。儿子有庆,因为和县长夫人血型相同,为救县长夫人,被抽血过多而死亡;女儿凤霞与偏头二喜喜结良缘,产下男婴苦根后,因大出血死在手术台上;凤霞死后三个月,妻子家珍去世;女婿二喜是搬运工,因吊车出了差错,被两排水泥板夹死;外孙苦根随福贵回到乡下,生活十分艰难,福贵心疼外孙,煮豆给他吃,苦根吃了太多的豆子被撑死……生命中的重要他人逐一离去，最后只剩下福贵一个人在夕阳的余晖中回忆。

我观察到林小田在叙述福贵一个个亲人的离开时，她的笔端和心情一样沉重。当然我也是如此。

接着，我让林小田朗读记叙有庆死亡及福贵心情的相关句子、段落。

我一下子就看不见医生了，脑袋里黑乎乎一片，只有眼泪哗哗地掉出来，半晌我才问医生：

“我儿子在哪里？”

有庆一个人躺在一间小屋子里，那张床是用砖头搭成的。

我进去时天还没黑，看到有庆的小身体躺在上面，又瘦又小，身上穿的是家珍最后给他做的衣服。我儿子闭着眼睛，嘴巴也闭得很紧。我有庆有庆叫了好几声，有庆一动不动，我就知道他真死了，一把抱住了儿子，有庆的身体都硬了。中午上学时他还活生生的，到了晚上他就硬了。我怎么想都想不通，这怎么也应该是两个人，我看看有庆，摸摸他的瘦肩膀，又真是我的儿子。我哭了又哭，都不知道有庆的体育教师也来了。他看到有庆也哭了，一遍遍对我说：

“想不到，想不到。”

林小田泪流满面，我擦拭着早已噙满泪水的眼睛，一边给林小田递

去了餐巾纸。短暂的停顿后,朗读继续:

那天晚上我抱着有庆往家走,走走停停,停停走走,抱累了就把儿子放到背脊上,一放到背脊上心里就发慌,又把他重新抱到了前面,我不能不看着儿子。眼看着走到了村口,我就越走越难,想想怎么去对家珍说呢?有庆一死,家珍也活不长,家珍已经病成这样了。我在村口的田埂上坐下来,把有庆放在腿上,一看儿子我就忍不住哭,哭了一阵又想家珍怎么办?想来想去还是先瞒着家珍好。我把有庆放在田埂上,回到家里偷偷拿了把锄头,再抱起有庆走到我娘和我爹的坟前,挖了一个坑。

要埋有庆了,我又舍不得。我坐在爹娘的坟前,把儿子抱着不肯松手,我让他的脸贴在我脖子上,有庆的脸像是冻坏了,冷冰冰地压在我脖子上。夜里的风把头顶的树叶吹得哗啦哗啦响,有庆的身体也被露水打湿了。我一遍遍想着他中午上学时跑去的情形,书包在他背后一甩一甩的。想到有庆再不会说话,再不会拿着鞋子跑去,我心里是一阵阵酸疼,疼得我都哭不出来。我那么坐着,眼看着天要亮了,不埋不行了,我就脱下衣服,把袖管撕下来蒙住他的眼睛,用衣服把他包上,放到了坑里。我对爹娘的坟说:

"有庆要来了,你们待他好一点,他活着时我对他不好,你们就替我多疼疼他。"

有庆躺在坑里，越看越小，不像是活了十三年，倒像是家珍才把他生出来，我用手把土盖上去，把小石子都拣出来，我怕石子硌得他身体疼。埋掉了有庆，天蒙蒙亮了，我慢慢往家里走，走几步就要回头看看，走到家门口一想到再也看不到儿子，忍不住哭出了声音，又怕家珍听到，就捂住嘴巴蹲下来，蹲了很久，都听到出工的吆喝声了，才站起来走进屋去。凤霞站在门旁睁圆了眼睛看我，她还不知道弟弟死了。

读着读着，林小田泣不成声。好几次她用几乎哀求的眼神看着我，希望我不要让她读下去了，可是我在泪眼婆娑中，还是示意她继续朗读。

邻村的那个孩子来报信时，她也在，可她听不到。家珍在床上叫了我一声，我走过去对她说：

“有庆出事了，在医院里躺着。”家珍像是信了我的话，她问我：

“出了什么事?”我说：“我也说不清楚，有庆上课时突然昏倒了，被送到医院，医生说这种病治起来要有些日子。”

家珍的脸伤心起来，泪水从眼角淌出，她说：

“是累的，是我拖累有庆的。”

我说：“不是，累也不会累成这样。”

家珍看了看我又说：

“你眼睛都肿了。”

我点点头:“是啊,一夜没睡。”

说完我赶紧走出门去,有庆才被埋到土里,尸骨未寒啊,再和家珍说下去我就稳不住自己了。

林小田哽咽着,读读停停。当她终于艰难地读完有庆之死时,我发现她脸上的苍白开始一点点地消退。

我给林小田布置了两个问题——第一,小说为什么取名《活着》?第二,福贵怎么看待自己的命运?你又如何看待福贵的命运?

过了五天,林小田准时推开了我办公室的门。

“小说为什么取名《活着》?”我开门见山。

“人是为了活着本身而活着,而不是为了活着之外的任何事物而活着。”林小田引用了余华在序里的话。

“是的,人生总是无常,苦难也终究难以躲避,人只有不断地承受生活给予的苦难,但人不能被苦难打倒,要让不屈的灵魂顽强地生活。”我继续单刀直入,“你怎么看福贵?”

“我觉得福贵很想得开,很坚强吧。而且他内心真的特别强大,如果换成别人提起亲人的死,往往会避而不谈或者搪塞过去,可是福贵没有这样做,他会和我说,而且说得很认真很投入,仿佛重新生活了一遍。”林小田很认真地说。

听到林小田说这番话的时候,我的内心抑制不住地狂喜。我知道福贵的苦难已经化作林小田的苦难,或者说林小田已经把自己的苦难代入了福贵的苦难。她实际上已经成了福贵文学上的知己。

“嗯,你读懂了生活,读懂了福贵。福贵说,这两只鸡养大变成了鹅,鹅养大变成了羊,羊养大了变成了牛,我们啊,也就越来越有钱啦。福贵总是那么坚强和乐观,再苦难也要活着,活着就有希望。”我朝林小田笑了笑,她也笑了!

在结束我们这次交谈的时候,我送给林小田一本书,轮椅作家史铁生的《我与地坛》。

我和林小田一起朗读了其中一段——

> 一个人,出生了,这就不再是一个可以辩论的问题,而只是上帝交给他的一个事实。上帝在交给我们这件事实的时候,已经顺便保证了它的结果,所以死是一件不必急于求成的事,死是一个必然会降临的节日。

教师节那天,我收到了林小田亲手制作的贺卡:贺卡中央画了一朵很大很大的蓝色蘑菇。下面写着一行娟秀的字:一朵蓝色的蘑菇在飞翔。谢谢你陈老师,节日快乐!

这次别样的阅读成了我永远的珍藏记忆。我至今也不明白,林小田的抑郁症痊愈是不是因为《活着》的阅读治疗。但我转念一想,其实这点并不重要,重要的是林小田懂得了,假如生活欺骗了她,或者不能承受生命之重时,阅读可以成为知己。

我就在书中等你

书香班里的43个孩子,来自杭州市内不同的初中。这些孩子经过学校的层层筛选才能就读我们学校,但在现有社会评价体系之下,就读职高仍是许多学生的无奈选择。内心的自卑,有时候会像毒蛇一样缠绕着孩子们的心灵。

近几年,学校高职考升学形势一片大好,许多孩子产生了“我要读大学”的强烈愿望。遗憾的是,初中三年的学习挫折已经让他们“习得性无助”了。很多人好高骛远而疏于行动,志向远大却懒于努力。在学习压力面前,玻璃心说碎就碎。

有时候,我会即兴写一些鸡汤的文字,在课堂上瞅住机会朗读。但鸡汤总归是鸡汤,听得多了,学生反胃,营养过剩,教育就苍白。于是我只好放弃。

班里男生亮亮(化名),每天背着空荡荡的书包踩着铃声进教室,上课睡觉,下课嬉闹,学业荒废已久。有意思的是,他总是第一个打探考试成绩,也总在家长会前哀求我不要给他爸爸看考试成绩。在分数面前,亮亮总是一副曾经戎马倥偬,凯歌无数,可惜如今“廉颇老矣”的悲怆面孔。

高二下学期，根据学生志愿，实习高职要分流了。成绩不如意的亮亮，在高职实习意向表格里，赫然写着“想升学就读高职”。

亮亮绝非个例。“亮亮”们心里确实想升学读大学，只是行动的脚步难以跟上，和困难战斗的意志力也不足。他们深知自己学业基础很差，考大学基本没有把握，但他们也不放弃去考场碰运气的机会，不想步入实习职场。尤其是，同龄人都在教室上学，自己早早成为上班族，听来就觉得面子上挂不住。

于是，“亮亮们”总想混到高三毕业，然后让爹娘花钱为自己铺垫上大学的路。是否学到真知识不重要，大学是否正规、是否有办学的资质也不重要，至于爹娘的钱更是不必担心，重要的是他自己在“读大学”。

曾几何时，菁菁校园书声琅琅，埋头苦读志存高远的那种校园味在物欲横流的变革时代越缩越小。“青春就是来浪费的，青春就是来消遣的”，已经成了有些同学的座右铭。“我拿什么来唤醒这些孩子？”我暗自发问。

面对现实，我还是想到了阅读。

著名作家路遥用六年的时间准备，最终完成了百万字的长篇巨著《平凡的世界》。小说以陕北黄土高原双水村孙、田、金三家的命运为中心，全景式地呈现了 1975—1985 年这十年间城乡社会生活的发展变化，以及人们思想情感的巨大变迁，着重刻画了青年孙少平在生活的重重磨难和考验中逐渐成长并最终找到人生目标与价值的奋斗历程。

在书中路遥这样写道：“青年，青年！无论怎样的挫折和打击，都要咬着牙关挺住，因为你们完全有机会重建生活；只要不灰心丧气，每一次挫折就只不过是通往新境界的一块普通的绊脚石，而绝不会置人于死地。人啊，忍、韧、仁……”

清晰地记得读到这段文字时我的震撼。那种荡气回肠的感觉盘旋在心头，萦绕不散。

我对这部成长小说情有独钟。顾名思义，成长小说是一种表现年轻主人公在历经各种挫折、磨难后，从“幼稚”走向“成熟”的写作形式。小说描写主人公孙少平的个体成长，其实就是一部典型的成长小说——从17岁到27岁的十年间，孙少平经历了挨饿求学、初恋夭折、教师职位被辞退的坎坷；黄原揽工遭遇亲戚冷漠、旁人冷眼、身体受伤的人间冷暖；当煤矿工人后，环境险恶，劳动繁重，工友欺辱；尊敬的师傅死去，亲爱的晓霞牺牲，自己的容貌被毁……但孙少平并没有因一连串的不幸而意志消沉、玩世不恭或愤世嫉俗，不幸反而铸造了他更为成熟的思想，不幸成了他生命中化了装的幸运。

一沙一世界，一叶一菩提。一个人就是一个环境，一个人也是一个时代的缩影。孙少平的经历对亮亮有启迪吗？我不知道。其实，孙少安、孙少平兄弟自强不息的人生之路，面对生活坚忍不拔的态度，在任何时代都是一粒精神滋养的种子，生生不息，绵延不绝。

我寻找着机会想和亮亮聊聊。那天下课间隙，我对亮亮说：“今天放学后，我想和你在我的办公室聊聊，可以吗？”亮亮一脸狐疑地点了点头。临走时，我再次叮嘱了一句：“千万别忘了，我就在书中等你。”我扬了扬手中的《平凡的世界》。

亮亮准时出现在我办公室，我们聊着聊着，聊到了《平凡的世界》里的孙少平。“高中阶段,孙少平如何面对饥饿?”我微笑着问亮亮。

“孙少平家里很穷,他每天只能吃非洲馍和丙菜。他总是在人群散去之后,悄悄地来学校操场领取自己的饭菜。”亮亮平静地回答。

“我这里有六段描写孙少平面对生活磨难的文字。你读一读,想一想,然后告诉我,孙少平是如何面对磨难的?”我抛出了第二个问题。亮亮接过我给他的一张 A4 纸,轻声读了起来:

> 三天下来,他的脊背就被压烂了。他无法目睹自己脊背上的惨状,只感到像带刺的葛针条刷过一般。两只手随即也肿胀起来,肉皮被石头磨得像一层透明的纸,连毛细血管都能看得见。

> 一天夜里孙少平梦见下雨了,冰凉的雨滴在他滚烫的脸庞上,一阵阵惊喜使他从睡梦中惊醒过来,睁大眼睛,发现的却是一个石匠正光着屁股往被窝里钻。他感到一阵发呕,赶忙用被子揩了揩脸——他知道,这是那个撒完尿的石匠从他身上跨过去时,把剩下的几滴尿淋在了他的脸上。

“这两段文字描写的是孙少平在黄原揽工时的情景。第一段写的是他背石头的情景,蛮感人的。如果是我的话,可能也就待在家里,在哥哥的树荫下乘乘凉算了。第二段,想起来有点恶心,那么差的环境,孙少平竟然能熬过来。简直不可想象,可能只是小说吧,不过可能真有这样的人，佩服。”亮亮说。

我自己也常常被这两段文字深深地感动。记得三毛曾经说过，我们反抗、所不肯承担逆境恰恰是使我们一次又一次成长的动力。事实上，生命中的每次磨难都有正面的意义。它教会我们坚强，磨炼我们意志，教会我们思考，促使我们昂首向前。

> 他从床上一跃而起。他想，他绝不能这样被动地等待命运的宰割。在这最危险的时候，应该像伟大的贝多芬所说：我要扼住命运的咽喉，它绝不会使我屈服。

这句话描写的是孙少平去煤矿当工人体检不合格时焦虑迷茫中的心理活动。意思是说他要把握自己的命运，不听任医生摆布，积极想办法，主动寻求支持。

> 孙少平一下把右手的四个指头塞进嘴巴，用牙齿狠狠咬着，脸可怕地抽搐成一种怪模样……孙少平伏在泥水中，绝望地呻吟着。不知过了多少时候，当孙少平满身泥浆返回宿舍，那神态已经完全像一个疯子或纯粹的白痴。同宿舍的人看他这副样子，都吓住了，谁也没敢问他个长短。他换了身衣服，便倒在床铺中，两眼呆呆地望着雪白的蚊帐顶。

“这是孙少平在报纸上看到田晓霞牺牲的消息时的反应。田晓霞的牺牲对他打击确实非常大，这段描写也挺细腻的。他太伤心了，我理解他。”亮亮真诚地说。

他猛然想起了叶赛宁的几句诗：不惋惜，不呼唤，我也不啼哭……金黄的落叶堆满心间，我已不是青春年少……

现在，他行走在这人流如潮的大街上，不管有多少含义复杂的目光在他脸上扫射，他也坦然如常。不知为什么，他甚至感到自己的情绪渐渐亢奋起来。

在个体的小摊上买了一副墨镜，随即就戴起来——部分地遮掩了脸上那道疤痕……

“这两部分写的是孙少平受伤破相后自我排解自我安慰的句子。我在电视里看到孙少平戴了一副墨镜，感觉他挺酷的。”亮亮一脸认真地说。

“嗯，很高兴，你说出了你的感觉、你的心里话。”我回应。

“孙少平其实还很爱阅读的，你读到过描写孙少平阅读的文字吗？”我问。

“知道的，他抓住一切机会读书，有郝红梅给他的，有田晓霞给他的，也有他自己买的。还有那个诗人老师也借给他书看过。”

“你不觉得孙少平之所以成为孙少平和他的阅读有关系吗？”我边问边在电脑上指着 PPT 给亮亮看：《钢铁是怎样炼成的》《卓娅和舒拉的故事》《红岩》《创业史》《辩证唯物主义和历史唯物主义》《各国概况》

《马丁·伊登》《热爱生命》《天安门广场诗抄》《牛虻》《马克思传》《斯大林传》《居里夫人》《艰难世事》《简·爱》《苦难的历程》《复活》《欧也尼·葛朗台》《白轮船》《红与黑》。

“肯定有关系的，书读多了，想法就多了，也因此和别人不一样了。”聪明的亮亮其实早就知道我这次找他聊天的真实用意了。

不准阅读

没有惩罚就没有教育，好像已经是一个不容置辩的“真理”。班主任把它当成班级管理的尚方宝剑，老师当它是提高学习成绩的最佳教育手段。比如，班里有学生迟到，班主任依照班规罚他做值日生打扫教室卫生；学生不认真完成作业，老师罚他抄写；学生礼仪不到位，班主任罚他背诵古诗词；等。

但仔细一想，便能发现这种惩罚的不合理。扫地、抄写、背诵都是学生必须做和应该做的事情。但由于老师以此来惩罚学生，就像是把这些事情当成一种坏事，学生因此讨厌扫地、讨厌抄写、讨厌背诵。很多时候，这是教育方法的失误，得不偿失。

偶然读到一则星云法师关于惩罚教育的文章。文中讲到，以往佛学院里但凡有学生犯错，训导处要么罚学生跪拜佛一百零八下，要么不让他按时睡觉，罚他在佛前跪拜，直至点完几炷香。因此，跪香和拜佛成了佛学院学生最害怕的事情。星云法师的做法却截然相反。他在台湾佛光山办丛林学院，有犯错的学生，就规定他们不准做早晚课、不准拜佛。每次别的学生在做早晚课或拜佛时，就罚他们站在大殿外看，就是不准礼佛。被罚的学生心里着急得不得了，虽然身不能拜，心却也跟着拜了。要是碰到犯小错的学生，就处罚他们提早就寝，躺在床上不可起床。学生们在床上翻来覆去睡不着，一想到别人都在用功办道，心里就后悔得不得了。不准拜佛的学生一旦被解禁，被准予拜佛了，往往热爱拜佛，拜得涕泪交零；不准跪香、只准睡觉的学生一旦被解禁，往往在菩萨面前流泪忏悔，再也不敢贪睡、贪玩了。

星云大师不愧为大师！星云大师在惩罚教育方面为我开辟了新思路。受星云大师“不准礼佛”做法的影响，我在书香阅读中也做了一回“星云大师”。每当回忆，心中默然欢喜。

暑假归来，我照例检查暑假阅读作业。杨侃（化名）因为没有完成《平凡的世界》的阅读作业而被我点名批评。

杨侃很诚恳地对我说，自己知道阅读作业不完成是不对的，所以甘愿受罚，愿意主动承担一个月的值日生工作，但别扣语文分数。

看他一副可怜巴巴的表情，我又好气又好笑。臭小子，早知今日何必当初啊。我淡然一笑，对他说：“做值日是学生分内之事，是一个学生的必须担当，我惩罚你岂不是侮辱了值日的美好定义！你不阅读，我就成全你，我就罚你不准阅读《笑傲江湖》，不准参与《笑傲江湖》文学沙龙，你只能观看和欣赏，但不能参与。”杨侃愣了一下，想了一会儿，还是丈二和尚摸不着头脑。他抬头看了看我，见我一脸严肃，只好挠挠后脑勺离开了我的办公室。

《笑傲江湖》文学沙龙如约而至。全班五个小组轮番上台展示自己的阅读成果，有的是 PPT 演讲，有的是电影片段剪辑配音，有的是经典文学片段朗读，有的是情景剧表演。

那天活动嗨翻全班，杨侃的几个好哥们准备的情景剧表演更是精彩。杨侃孤零零地坐在位置上，成了文学沙龙里最孤独的旁观者。那次文学沙龙，我还全程录像，并写了篇通讯稿推荐到了校园网上。家长会上，我把录像和照片展示给家长们看。

家长会结束，杨侃被爸爸好一顿数落。这次文学沙龙活动对杨侃刺激很大，因为我太了解他喜欢情景剧表演这一点了。想当初他在寒冷的冬天，穿红肚兜，饰演皇帝新装里的那个愚蠢的一丝不挂的皇帝，彻底征服了全体师生，还成了很多女同学的倾慕对象呢。我剥夺他的展示自己的机会，对他来说才真正触及了他内心的痛点了。

自从那次惩罚后，杨侃再也不敢不完成我布置的阅读作业了！

罗素说，惩罚应该是你希望过失者感到厌恶之事，而不是你希望他感到欢喜之事。不准阅读，恰恰促成了学生更为积极的阅读行动。

第二次文学沙龙很快又到了。这次阅读的书籍是《傲慢与偏见》。相信阅读过《傲慢与偏见》的人，一定会对伊丽莎白和达西这对高贵恋人之间的误会印象深刻。特别是达西第二次向伊丽莎白求婚的那段对话，伊丽莎白语言柔中带刚，达西措辞傲慢而又深情。

杨侃自认为他就是中国版达西，所以在沙龙开始前就夸下口说，自己的演出必将成为书香班文学沙龙里的经典。

轮到杨侃小组上场展示阅读成果了。只见杨侃模仿电影《傲慢与偏见》里男主人公达西的衣着——传统绅士白领衬衫,黑色燕尾服,光亮的皮鞋,略微卷曲的头发(头发和燕尾服租借,衬衫由妈妈巧手改制)隆重出场了。伊丽莎白是书香班的王丽雅(化名)扮演的。那天王丽雅穿着白色连衣裙,头戴白色宽檐淑女帽,活脱脱像一个18世纪的淑女出现在沙龙现场。掌声雷动!

在轻音乐《且听风吟》中,达西缓缓走向伊丽莎白,文学电影里的那段永恒对白激情上演:

达西:这几个月对于我来说是一种折磨,我来罗新斯只是为了见你。

伊丽莎白:我?

达西:我在与世俗的看法,与我家族的期望对抗,与你的身世,与我的阶级对抗,我要把他们统统抛开,让你终结我的痛苦。

伊丽莎白:我不明白你在说什么。

达西:我爱你,最真挚的爱。请给予我荣幸,接受我的手吧。

伊丽莎白:先生,我感激你的挣扎。但我非常遗憾,给你的只有痛苦,这个决定是潜意识下的。

达西:这就是你的回复?

伊丽莎白:是的,先生。

达西:你是在嘲笑我吗?

伊丽莎白:不。

达西:你是在拒绝我?

伊丽莎白:我相信,你心中阶级的门槛会帮助你克服痛苦。

达西:我能否问你,为什么我竟会遭受如此无礼的拒绝?

伊丽莎白:那么我能否问你,为什么你说喜欢我是违背了你自己的判断力?要是我果真是无礼的,那么,这还不够作为我无礼的理由吗?

达西:相信我,我不是那个意思。

伊丽莎白:但你知道我还有别的理由。

达西:什么理由?

伊丽莎白:一个毁我最亲爱的姐姐幸福的人,怎么会打动我的心去爱他呢?你能否认你拆散了一对相爱的恋人,让你的朋友被大家指责为朝三暮四,让我的姐姐被大家嘲笑为奢望空想,你叫他们俩受尽了痛苦?

达西:我并没有否认这些。

伊丽莎白:你怎么能做出这样的事情?

达西:我认为你姐姐觉得他无关紧要,我觉得他的爱要比她更多。

伊丽莎白:那是因为她害羞!

达西：彬格莱被说服了，她的感觉并不强烈。

伊丽莎白：是你说服他的。

达西：我这样做是为了他好。

伊丽莎白：我姐姐几乎都不向我表露她真实的感觉。我怀疑是因为他富有的关系？

达西：我无意使你姐姐难堪。这门婚事明显是为了谋取利益的……

伊丽莎白：我姐姐给你那种印象？

达西：不！有，然而，你的家人……

伊丽莎白：我们对社交的渴求？

达西：不，比那更甚。

伊丽莎白：怎样更甚，先生？

达西：你母亲，你妹妹们，你父亲有失身份的表现……请原谅我，你和你的姐姐当然排除在外……

那天，同学们的掌声如潮水一般。杨侃的演出获得了成功。

主持人采访杨侃："你为什么能把达西演得这么活？"杨侃一语道破："因为每个女生心中都有一个达西，我就是想成为那个达西。"

无论如何，这次沙龙对于杨侃的积极意义是，他变得温文尔雅了不少，语言行为日益绅士起来。是啊，剧本表演是阅读的延伸，是文学作品人文精神的外化。我愿意给"杨侃们"这样的体验机会。

罗素说，儿童不是通过痛苦的经历，而是通过幸福和健康的体验去掌握美德的。教育的目标是让外界的压力在儿童的心灵上采用习惯、理念和同情的形式，而不是采取虐待、殴打及惩罚的形式。

我想我读懂了这句教育名言！

293 次列车，C 厢

读书对人的滋养作用，自古有所论述。古语云：人之异于鸟兽者，为“读书明理”。又云：苟为不学，便流为禽兽矣。

读书能让人明是非，知廉耻；读书能让人优气质，养品性。中职生普遍不爱阅读，培养激发学生的阅读兴趣是书香班建设的首要目的。

从班主任工作层面来说，召开阅读教育的主题班会是最常用的一种方法。只是既然是主题班会，难免具有时效性，过了这个时间点，激情散场，剩下的恐怕只能是“听听激动，想想感动，回家不动”的旧日模样了。

阅读应该成为一种生活方式。阅读教育也应该具体落实在学生平常的学习、生活细节之中。

一、汉语的优雅

上课铃声响起，我捧着语文书和练习讲义走进教室。学生王林（化名）低头在书桌里一边翻找着什么，一边大声地抱怨：“我操，我的语文书不见了，哪个人这么屌，赶紧还给我。”全班哄堂大笑。显然，大家在笑王林埋头找语文书，没有看见已站在讲台上的我。同桌赶紧用手肘提醒了王林。王林抬起头看见了我，红了脸，摸摸后脑勺，尴尬地笑了笑，不敢吭声了。

“汉语是世界上最优雅的语言，我真为我们汉语感到忧伤。”我看着王林，淡淡地说。

下课时，我回到办公室，王林跟来道歉：“陈老师，对不起，我不该说脏话。以后我一定加倍注意。不过，我总觉得你批评人不带脏字，我很佩服你。我妈妈也说你好有文化，每次收到家校通短信，我妈妈都要读两三遍。有一次，妈妈还把你发的短信给她单位的同事看，他们也都很羡慕。”听着他真诚的赞美，我没有谦虚，大方地说了句：“谢谢你和你妈夸奖我，我们共勉！”见王林没有离开我办公室的意思，我问道：“你有什么事情？”王林吞吞吐吐地说：“陈老师，我妈让你推荐几本书给我读读，她也让你推荐两三本给她读读。”

后来，家长会上，王林妈妈告诉我，她给王林买了我推荐的高中三年必读书十本，当然也给自己买了我推荐的三本书。那一刻我很欣慰！

二、语言得有腔调

《琅琊榜》影视欣赏课上，全班学生一致认为演员胡歌演的梅长苏真的好帅。我让学生说说梅长苏的出场。有学生说，梅长苏吹着笛子，乘着小船，特别特别有气质；有学生说，梅长苏站立船头，目光灼灼，神色淡定，白衣书生的儒雅、谋略天下的智慧都汇聚在他羸弱的身体之中；有学生说，烟波浩渺，一叶扁舟，笛声悠扬，玉树临风。处江湖之远，念庙堂之高，赤子忠心天地可鉴。此白衣书生正是才冠绝伦，威震江湖的麒麟才子梅长苏是也……话音刚落，全班响起热烈掌声。

“看来，读不读书，语言表达效果真的会不一样。感受美或许谁都会，但是表达美、欣赏美就需要阅读的积累了。”我微笑着认真总结。

看到全班学生若有所思的样子，我又适时地抛出刚刚从网上读到的一段文字：“之所以要多读书、多受教育，就是因为当我们看到一群鸟在湖面飞过的时候，我们能够吟诵出‘落霞与孤鹜齐飞，秋水共长天一色’，而不是在那吵吵‘我去，全都是鸟’。在我们去戈壁旅游，骑着骏马奔腾之时，心里可以默念‘大漠孤烟直，长河落日圆’，而不是在那喊‘哎呀妈呀，都是沙子，快回去吧’。”话音刚落，教室里笑声一片。

我说：“这只是一种调侃，但是会不会审美，能不能表达，表达得美不美就大有研究了，无论是辞藻的华丽还是文字的朴素，凡能打动人心的语言一定是恰当的美的表达。能表达说到底还是会阅读啊。”学生们频频点头。

三、主要看气质

班主任德育，有一个很重要的内容，就是仪容仪表管理教育。虽然校纪校规三令五申明文禁止学生化妆、剪怪发，但再严格的规章制度也难以阻挡个别学生那颗为展示自己独特美的叛逆之心。偷偷地化妆，悄悄地戴假睫毛，暗暗地涂抹口红，甚至标新立异地理个潮发……为了逃避惩罚，学生也是煞费苦心，和班主任玩躲猫猫游戏，和德育处唱对台戏。为了仪容仪表问题，班主任常常要和学生斗智斗勇。

书香班里有个女生小燕（化名）就是其中一个。小燕把校裤改成了小脚裤,把嘴唇抹得血红血红,并且还涂厚厚的粉。周四放学后在卫生间巧遇小燕,我着实吃惊不小。用校纪校规对小燕进行严惩,也未尝不是一种方法,可我觉得那更多的是管理、惩罚,不是教育。

我又想到了阅读。

第二天语文阅读课,我用三张幻灯片展示了阅读之美。第一张是爱德华·霍普创作于1938年的油画《293次列车,C厢》——晚霞时分,一位淑女头戴纯色的宽檐帽,身穿连衣裙,端坐在行驶的列车里,优雅地读着书。她享受着一个人的孤独,完全沉浸在阅读的世界,和书一起去旅行。

“在美术中,除了风景,最美的就是我们人类中的女性之美。关于女性的美,有三种表现形式,一种是哺乳着的少妇,一种是恋爱中的少女,还有一种是读书的女性。西方美术史上有若干世界名画,都是各阶层的女性在读书,你会发现当女人和书在一起的时候,就是美上加美。”我旁白道。

第二张幻灯片是《红楼梦》宝黛相会,我和学生一起朗读“态生两靥之愁,娇袭一身之病。泪光点点,娇喘微微。闲静时如姣花照水,行动处似弱柳扶风。心较比干多一窍,病如西子胜三分”。接着,我让学生讨论林黛玉之美。最后,我小结陈词:一身娴静与柔美的书香气质,超凡脱俗的林黛玉的出现让见惯了珠光宝气、姹紫嫣红的贾宝玉眼前一亮,恍惚觉得“天上掉下个林妹妹”。贾宝玉之所以钟情于林黛玉,最重要的一点是被林黛玉超凡脱俗的书卷气,以及长期阅读熏陶出的灵气和高贵所折服。

第三张幻灯片是林徽因在西南联大着旗袍的一张照片。“哇，林徽因穿旗袍好美！”学生一阵惊叹。我说：“旗袍只有读书的女人才能穿出它的美丽韵味。出身名门的林徽因自幼饱读诗书，是书籍的滋养使她在美貌之上多了一分才情，绝代风华这四个字其实包含了读书的厚重。”

第四张幻灯片是三毛的一段话：读书多了，容颜自然改变，许多时候，自己可能以为许多看过的书籍都成为过眼烟云，不复记忆，其实它们仍是潜在的，在气质里，在谈吐上，在胸襟的无涯，当然也可能显露在生活和文字中。

展示完幻灯片，我看了看小燕，开始跟学生们探讨“美”。爱美之心，人皆有之。随着化妆技巧和美容技术的完善，街头的美女也越来越多，随处都能碰到锥子脸、长腿、细腰，走路风风火火的美女。但有的虽能让人感到眼前一亮，但又会觉得缺少一分“腹有诗书气自华”的优雅和神韵。且不说学生在学校里化妆等行为违反了校纪校规，单从审美来说，撇开身份、年龄、气质特点的胡乱模仿就是东施效颦。朱熹就说过，读书的目的之一就是让人改变气质。就个人的修养而言，阅读是使阅读者经历一番文化洗礼的过程，它可以不知不觉地改变人的气质。我们看一个人美不美，其实主要看的是气质。

自那以后，小燕再也没有在学校化过妆，抹过口红。

四、梅花书皮

那天轮到我管理晚自习。16 点 30 分，我急匆匆地把刚买到的《世界文明史》塞进背包，然后乘坐 72 路公交车赶赴长德校区。一路极其顺畅，到达学校餐厅时 17 点，离住校生晚餐时间还有 30 分钟。于是，我就从包里拿出《世界文明史》细读起来。

餐桌挺干净的，习惯性地怕餐桌油腻弄脏新书，我便把快递包裹的包装纸撕了三个边，改装成了《世界文明史》的书皮。

到餐厅就餐的学生君君发现了我，很快走到我身边和我聊了起来。他看着我有点奇怪的书皮，好奇地问："陈老师，你看书都要包着书皮吗？我小学一二年级是包书皮的，以后再也没有包过书皮。"

"对哦，书如果能包上书皮，自然会整洁很多。不过，我这是临时书皮。"我扬了扬塑料封面回答说。

晚自习一、二两节课，我简单地给学生提了晚自习纪律要求，在学生中间踱步几许，见学生都在安静自修，便自顾自坐在讲台前美美阅读起来。阅读的愉悦和着报告厅里100多个住校学生沙沙的翻书声，简直让我的幸福感爆棚。第二节课铃声响起，我仍然端坐在讲台前，舍不得放下手中的书。君君和班里的另外四个住校生围了上来，提醒我赶紧回家。

看着学生对我的关心，心中甚是得意。周一上午，当我推开办公室的门时，我发现地板上躺着一封信，拆开来一看，是一张漂亮的梅花书皮和一张小纸条。纸条上写着："陈老师，你值日那天好多同学都在羡慕我有这么一个爱读书的班主任。这书皮是星期天我从中国美院买的，上面画着一朵漂亮的梅花，希望你喜欢。我想我也应该多阅读了，否则我对不起书香班这三个字。"

我不经意的一次阅读，竟然对学生产生了榜样和示范作用。老师言行无小事啊！

共读一本书

“共读一本书”其实就是师生过一种幸福完整的教育生活。那些精心挑选的共读的书只是学生阅读的“例子”。“例子”具有典型之美、辐射之能、引领之用。师生共读，绝不是简单肤浅地了解小说内容，熟悉故事情节等泛泛而读，它是一种读着读着就开花了的美的熏陶，是师生一起“慢慢走，欣赏啊”的美好阅读。于精彩绝妙处驻足，在语言深刻中思考，在思维碰撞中提升。说到底，师生共读就是一场心灵的对话！

滚滚红尘中的七张面孔

（《皮囊》）

生活真的像是一盒巧克力，你永远不知道下一颗的味道是什么。我刚开始制订班级共读的读书计划里，并没有《皮囊》这本书。原计划共读的《肖申克的救赎》，被看过七八遍的同名电影取代了——我决定果断放弃小说阅读，转而改上《希望从来不曾消失》影视欣赏课。我该找哪一本书来代替呢？办公桌角刚好躺着一份刚下发的杭州市教育局“品味书香”阅读推荐书单。我随手拿起，大致浏览了一下，眼睛落在了蔡崇达的《皮囊》这本书上。

百度了一下书的内容与评价，心生欢喜。下班回家绕道新华书店把这本书买回了家。读着读着，实在爱不释手，索性窝在沙发里一口气读完。

《皮囊》总共有14个篇章，侧重于记叙身边的小人物。我个人极其偏爱阅读小人物。另一方面，以中职生的阅读能力来说，我更趋向于让他们阅读身边的“小人物”，因为小人物不陌生，有真实感，充满生活的味道。同时，这也是本具有小说阅读质感的散文集，是“认心又认人”的书。

最佩服阿太，那个在女儿祭祀上一下摔死挣扎公鸡的老太太。“别让这肉体再折腾它的魂灵”这句话让我感动。读的时候，我停下来品味了很长时间。

阿太在训练舅公游泳方面有超出常人的狠。她说，肉体不是拿来用的，也不是拿来伺候的，如果你整天伺候你这个皮囊，不会有出息的，只有会用肉体的人才能成材。

简直就是至理名言啊。想想那些校园里的女孩男孩，总是花过多的时间和精力伺候自己的皮囊：偷偷地戴假睫毛，悄悄地抹口红，涂胭脂；固执地养长发，做奇怪的发型，追求名牌，崇拜金钱。长大后的“我”，能够走南闯北，从大海边的小村落走向大城市北京，走向辽阔的世界，我想也必定受了阿太人生观、价值观的影响和浸润吧。对读到这个故事的孩子们来说，阿太一定会成为他们成长路上的一份礼物。

最感慨文展。小时候的文展的确是个天才。他有兔唇缺陷却从不自卑,相反,他凭自己的才能和见识以及那一皮箱的历史大纲成了小伙伴的领袖。他对自己的前途有规划有思考,甚至连考什么学校,以多少分考进都严格按计划实施。但命运是个很奇怪的东西,岁月流转,文展在改变。文展觉得,像他这种小镇出来的人到了大城市,会发现自己有多粗陋。然后,这样的人会恨生养他们的地方,它拖累了他们。在城市里,文展因为先天缺陷而受到冷嘲热讽,继而开始怀疑自己,否定自己,直至一蹶不振。文展的人生转折固然有诸多偶然的因素,但最重要的是他的自我认知出了问题。

智商是一个人能掌握命运的必要条件,但仅仅拥有智商还远远不够,还要有意志力、"逆商",以及其他更多的东西。书香班的有些同学身上也有文展的影子,他们智商高情商低,有理想有规划,但耐挫力差,不肯脚踏实地,整天生活在幻想中。相信书香班的孩子读文展时或多或少可以读到自己的影子,继而意识到自己的问题,然后学会改变。

最惋惜厚朴。厚朴,刚开始人人都认为他是胸怀理想、有才能的热血青年,是一个生活中的激进主义者。要活得精彩是他对世界的告白。为了赢得精彩,享受万众瞩目的美好感觉,他组建没有水准的乐队,高调地和高官的女儿谈恋爱。在厚朴身上,理想和现实是分离的,他的理想更像是一个口号,只有动听的声音,没有踏实的脚步。最终,厚朴在他自己苦心建造的空中楼阁中精神分裂,自撞南墙。"任何不合时宜的想象都是不需要的,因为现实的世界只有一个。"同样,书香班同学身上也有厚朴的影子，读他人的故事就是在认清自己。愿书香班的同学们从此踏实努力。

最伟大的是母亲的爱情。爱情是青春期的孩子最敏感的话题。对于爱情，他们中的绝大部分懵懂无知。《皮囊》中的母亲是一个朴实的农村妇女，但她却是个爱情女神。母亲一直坚持要建一座房子，一座四楼的房子。在她的思想里，只有丈夫，只有家里的男人才是一个家的颜面，一个完整的健全的家更是女人的颜面。房子也是她捍卫爱情的宣言。为了房子，她做苦工，捡菜叶，拒绝所有人的同情，哪怕明知这座房子不久后会被拆毁。内心虚弱的父亲一脆弱，干脆把自己关在家里不出去寻找工作。母亲一声不吭，一个人到处找活干——缝纫衣服、纺织、包装。烧火的煤是她偷邻居的，下饭的鱼是她到街上找亲戚讨的。她既不安慰父亲，也不向他发火，默默地撑了三年。后来，“母亲很紧张地用力地捏着那卷钱，脸上憋成了红色，像是战场上在做最后攻坚宣言的将军。‘这附近没有人建到四楼，我们建到了，就真的站起来了。’”母亲是个不相信鬼神的硬骨头。但是因为父亲，母亲去请神明，“母亲的眼眶像泉眼一样流出汪汪的水。我知道，有多少东西从这里流淌出来了”。要离开镇海宫的时候，母亲转过头，对镇海宫里端坐着的神明笑了笑。为了爱情，母亲勇于承担，甘于牺牲，隐忍克制，尊重包容，这样的爱情才是真正的爱情吧。对于母亲的爱情，书香班的同学们将交给我怎样一份答卷？在《皮囊》读书沙龙上，陈文相解读了母亲的爱情，他选取的背景音乐是王菲、陈奕迅的《因为爱情》。

《皮囊》中可圈可点的小人物还有很多，比如香港阿小和村里的阿小，比如父亲，比如那个美丽的女人张美丽。

蔡崇达用细腻的笔，以人物肖像画的方式进行了描摹，表达了自己对父母和家乡的缅怀，对朋友命运的关切，对自己命运的深度思考。叙述文字客观、细致、冷静。很多哲理性的句子，让学生在跳一跳摘桃子的阅读中受到启迪和感悟。

当红历史作家张宏杰先生的《大明王朝的七张面孔》用翔实的史料、客观睿智的笔触，解读了朱元璋、朱棣、海瑞、魏忠贤、吴三桂、张献忠、郑成功七个人物，叙述了他们的生命历程和其背后不为人知的理想、焦虑、野心、矛盾甚至扭曲的心灵。这既是对他们个人命运的记叙，也是对大明王朝历史的一个侧影解读。

书香班的读书幻灯片展示活动十分精彩，刚好评出优秀作业 7 份，于是，读书活动取名为《皮囊里的七张面孔》。

附学生习作：《皮囊》里的七张面孔

第一张面孔　明媚的母亲

陈老师总是说要让书香班的女生做一个明媚的女子。做一个明媚的人，听起来好像很简单，可是我至今也没有真正理解要做到什么地步才能算是一个明媚的人。直到读了蔡崇达的《皮囊》。我发现他的母亲是一个明媚的人。她固执，坚强，顽固。可是她顽固得让人心疼，她不是那个时期那个村子的代表，但是她却代表了那个时期女性的一种不为人知的力量，“人活着就是为了一口气，这口气比什么都值得”。她是一个明媚的人。

边好婷

第二张面孔 皮囊下的“我”

对我而言，这本书的出场很像王熙凤的出场，未见其人，先闻其声。《皮囊》不是一个很好的书名，听着让人心里不舒服很久，以致无法憧憬美好的食物与心情。我是喜欢作者的写作方式的，娓娓道来，有些道理在他说出来以前就让人从故事中领悟了。可是我不喜欢作品中的“我”。“我”小学、初高中、大学的好友无一例外都成了生活的失败者，最重要的是“我”是用一种高高在上，充满无限优越感、权威感的心态在记叙。看书的时候我也在怀疑，成名后的“我”是不是还很珍惜他的友谊？是不是还会怀念那些陪着他一起成长的朋友？至少我自己的人生，不想被我当成朋友的人，以上帝的视角贴上各种各样奇怪的标签，再拿来作为陪衬自己的悲惨背景。这本书其实并不是每个人都适合看的，至少我是这么觉得的。

杨子君

第三张面孔 狠阿太

阿太是个非常狠的人。可是狠得温暖，狠得理性，狠得可爱。切菜像切排骨那样用力；切断了手指镇静得像没有发生；看到处乱跳的鸡，裹过小脚竟然也能一路小跑，一把抓住鸡，狠狠地摔死在地上。女儿死了，没有哭天抢地，竟然出奇的冷静；她还会靠着一把椅子一点一点挪动身躯，只为等待家里那个放学回家的娃。肉体是拿来用的，不是拿来伺候的。愿我们都深深地记住阿太说的这句话。

沈业培

第四张面孔　那个叫张美丽的女人

是人们害死了那个叫张美丽的女人。张美丽无疑是小镇上最大胆的人，敢于挑战世俗，敢于挑战族规。因为爱情她出走他乡，因为事业她开起了酒楼。可是，人啊，你为什么那么狭隘，容不得一个叛逆的女人，容不得和你不一样的女人？我想不明白，既然如此讨厌她，为什么还要张美丽的捐款？小镇的人将张美丽开的美美海鲜酒楼当成声色场所，认为张美丽的钱是靠不正当途径得来的，用这种自欺欺人的方式来平衡自己的内心。当多年之后，人们习惯于这种营生，谁又会想起当年众矢之的的张美丽，想起那个第一个吃螃蟹的张美丽？呜呼，哀哉！

鲍晶莹

第五张面孔　天才文展

文展是个悲剧人物。小时候那么光鲜，在小伙伴中人气最旺，发号施令，一呼百应。那时候，兔唇似乎是他的护身符。可是文展在城市里，因为兔唇而受到冷嘲热讽。巨大落差终于将文展击溃。他开始条件反射般地逃避，不久就开始讨厌自己，鄙视自己。对于文展，我是哀其不幸，怒其不争，他太缺乏自知之明了。一个人活得坦荡，正视现实，灵魂干净才能真正强大，强大到刀枪不入，我行我素，过自己想过的生活,走自己想走的人生。

管 琴

第六张面孔 香港阿小

读香港阿小,看到香港阿小的结局,只觉得心里酸酸涩涩。阿小从小对新鲜事物充满好奇心,喜欢花钱请客,喜欢更多的小朋友去他家玩,喜欢拉拢更多的小伙伴。他害怕寂寞,他需要热闹和追捧。从阿小身上,我似乎看到了社会上那些头顶光环、衣着华丽、满身名牌却内心空虚、迷茫、孤独的现代人。冥冥中似乎注定了阿小的命运,虚荣换不来真实的生活,成功和幸福永远属于那些脚踏实地、勤奋努力的人。

舒彤彤

第七张面孔 狂人厚朴

俗话说:有其父必有其子。厚朴大半是在父亲的影响下,成了生活中的幻想家的。他炫耀自己的名字来自英文 hope,家里有一个特别大的世界地图,他以成功人的姿态告诉别人要活得精彩,所以,大学里组建并没有什么水准的乐队,还和高官的女儿谈恋爱。可是,生活是不容欺骗的,无真才实学的厚朴最后自杀了。青春的我们都有梦想,都有激情,可是如果像厚朴那样吉他不好好学,乐队不好好经营,只知道爱慕虚荣,哗众取宠,自欺欺人,最后只能落得个悲惨的结局。梦想或许只是一个引导者,在足够努力之后才会发光。

方家钰

燃烧的向日葵

（《渴望生活——梵高传》）

推荐学生阅读欧文·斯通的《渴望生活——梵高传》，源于一次艺术展。

熟悉我的人都知道，我是个梵高粉。得知“不朽的梵高艺术展”要登陆杭州，我抑制不住地激动。艺术展的宣传广告更是让我眼前一亮：“在今天这个时代，我们如何重新阅读梵高！2015 年 10 月 1 日至 2016 年 1 月 3 日，‘不朽的梵高’感映艺术大展将登陆杭州创意设计中心，这不是一般的艺术展，将全面颠覆传统观展理念，3000 多幅有关梵高的高清油画还原成一场震撼的多感官视听盛宴。光影、色彩和声音交织出的充满活力的交响乐，会让你将整个尘世抛诸脑后。当你漫步于梵高的名作之间，这些画作会变得栩栩如生，让人心醉、愉悦、收获多多。”

读完这段宣传词，我觉得心神荡漾。独乐乐终究比不上众乐乐，我立刻想到了我班级里的 43 个学生。我始终认为：人不能辜负艺术的教养。一个有艺术教养的人一定是热爱生命的人，举手投足充满涵养，灵魂高贵，内心丰富。在我的班主任工作理念中，我坚信学生身上的不足可以通过艺术的教化得以感染、补齐。艺术的最大魅力在于通过作品传达出内心的精神世界。在这个拼颜值的时代，谁又能否认真正的美丽其实就是一个人的精神颜值呢？这和德育是一脉相通的。育人是根本，德育很重要。但德育应该在各项活动中强调渗透，犹如人的生存需要盐分，但绝不能叫人空口吃盐。

于是，我利用午间一刻，在班里做了宣传介绍和动员，并在第一时间给家长发了短信，告诉他们艺术大展的事情。

周六那天下大雨，我不管不顾地和女儿坐公交车直奔杭州创意中心。果然，画展用灵动的姿态，以 360 度全方位视角，带领观众和梵高相约。漫步在梵高画展影像大厅，黑暗包围着每一位参观者，熠熠发光的只是色彩斑斓的梵高画作和梵高对生活的呢喃及歌唱。色彩无比鲜亮的大朵大朵的盛开着的向日葵，初春里悄然绽放的杏花，璀璨无比的塞纳河上的星光，让人陶醉。“我不知道世间有什么是确定不变的，我只知道，只要一看到星星，我就开始做梦”；“我在摸索，我在奋斗，我已全身心投入其中”；“一人绝不可以让自己心灵里的火熄灭掉，而要让它始终不断地燃烧”。身临其境，突然有种迷失而沉醉的感觉，犹如失重在画作里，犹如陶醉在麦田间。我和女儿席地而坐看了两遍，站立着观赏了一遍，直至回到家还念念不忘这次画展。

我那可爱的学生们又如何呢？我迫不及待地想知道答案。

周一早自修，我做了个小调查，有几位同学去看了画展。统计上来的数据让我惊讶，全班只有何鸿飞同学和他的妈妈去参观了。客观地说，人的审美是存在差异的。我喜欢梵高并不意味着要让我的学生也喜欢梵高。我让学生去参观梵高画展的目的其实只有一个：接触和了解艺术。

在参观画展这件事情上，我自作多情了一回。但我不甘心，我想知道为什么。我了解我班的家长，虽然他们经常忙于工作，但对孩子还是积极关注的。只要是我家校通发的“广告”，他们大多会倾力支持。

学生坦诚地说出了理由，因为不了解绘画，去画展看了也白看。

我陷入了沉思。但我仍然不甘心，人是世界上最聪明的生物，即使缺少艺术鉴赏方面的学习，但人会感知。就像很多人对英语根本就是一窍不通，但是当泰坦尼克号的主题音乐响起，万千观众不也热泪盈眶吗？我想起了我自己，没有学过绘画，也没有丁点绘画艺术天赋，但是我就是那么喜欢梵高的画，就是那么热爱崇拜着梵高。为什么？

可能是我通过文字了解了梵高，了解了梵高苦难的一生。我理解梵高的内心世界，那种对艺术纯粹的喜爱，对艺术的火热追求，以及情到深处的无限孤独。

猛然间我醍醐灌顶！要让学生喜欢梵高，必要前提是了解梵高，了解这个伟大画家的不平凡一生。只要对梵高的生平和性格有了一定的了解掌握，那么站立在梵高画前才能感受到梵高的思考，感受到他对艺术的追求和火热的激情。

从德育角度来说，梵高单纯且热切看世界的眼光，也在教会我们现代人无论在任何困境下都要保持初心，让热爱的激情火热燃烧。于是，书香班共读的第四本书——《渴望生活——梵高传》就这样定了下来。

记录梵高生平的作品很多，以“传记小说之父”欧文·斯通的小说体自传《渴望生活——梵高传》最为有名。都说“读一本书，犹如与一个高尚的人对话”。奥地利作家茨威格说:读伟人的传记吧,与勇敢的心灵做伴!读传记,撇开文学造诣的提升,一本好的人物传记是进行情感教育、理想教育的最佳载体。通过阅读人物的生活和心灵,潜移默化中熏陶了读者的思想和性格,继而影响着学生们世界观的形成。这可能比上10节专题思想教育课还要有用得多。

于是,共读书目《渴望生活——梵高传》上演。11月布置了读书任务,12月开展系列读书活动。

第一周:收集资料

收集话剧《燃烧的梵高》剧照;收集梵高的名画和背后的故事;收集有关梵高的音乐及创作背景;收集相关写作梵高的美文。

第二周:细读图书

P1—P114(序幕—第一卷)思考问题:梵高当过画店销售员,当过学校教师,还做过牧师。可他最终选择了绘画,是机缘还是巧合抑或是另外的原因?说说你的看法。

第三周:细读图书

P115—P393(第二卷—第五卷)思考问题:本书取名“渴望生活”,梵高渴望怎样的生活?

第四周:细读图书

P394—P521(第六卷—第八卷)思考问题:梵高生前备受磨难和嘲讽,死后却声名远扬,你怎么看这个问题?

第五周:展示周

用PPT或演讲、朗诵、音乐的方式解读梵高。并且思考问题:你喜欢梵高吗？你愿意成为梵高吗？

四节讨论课，更像是四节生命教育德育课。我称之为“梵高的人生四问”。学生们在讨论中聆听各种见解，其实就是在体验各种人生。同学们的答案让我惊喜连连。

第一问：梵高当过画店销售员，当过学校教师，还做过牧师。可他最终选择了绘画，是机缘还是巧合抑或是另外的原因？

1. 梵高不善言辞，不会交际，生活能力差，遇事不知变通。而绘画完全可以不顾这些，完全可以沉浸在自己的世界里。所以学会选择自己的职业很重要。

2. 梵高有艺术的天分，来源于梵高家族的优秀基因。一两遗传胜过一吨教育，所以 27 岁才开始学绘画的他照样能够名垂千古。

3. 梵高对绘画有着单纯的喜欢，没有杂念，他的心，他的生命，他对生活的理解，他的理想都一笔笔浓缩在画板上。

4. 梵高历经生活磨难，他也是在探索自我，寻找自己的内心世界。内心是什么，只有他自己的油画才能淋漓尽致地表达出来。所以，在他的画中我们可以看到他对生活的渴望，以及对这个世界的爱。

第二问：本书取名“渴望生活”，梵高渴望怎样的生活？

1. 现实生活对梵高充满了嘲讽。被爱情遗弃，被剥夺当传教士的权利，被邻居联名告发，被强迫关进精神病院，被房东扫地出门。和曾经的好友高更闹翻，和挚爱的妻子离别，生活如此不堪，他仍旧渴望生活，渴望那种精神自由，内心炽热，阳光普照，如向日葵般朝气蓬勃的灿烂生活。

2. 我用书中的一段话来诠释——“重新装饰完成之后，他得意地写信给妹妹：‘我的房子沐浴在广场灿烂的阳光下，外面漆成鲜黄油般的黄色，搭配着耀眼的绿色百叶窗，花园种了梧桐、夹竹桃和洋槐。房子的上空就是耀眼的蓝天。在这间房子里，我可以生活、呼吸、沉思和作画。’”我想我再添加旁白纯属多余。

3. 我也思考过这个问题。班主任陈老师曾经不止一次地说，人是靠精神生活的，我想梵高之所以在苦难生活面前永不低头，就是源于他内心的精神和力量。这种力量具有非常大的爆发力，他在任何情境下都能够救赎自己。这种力量叫信仰。所以我觉得梵高渴望的生活就是充满信仰的生活。

4. 梵高一天工作十几个小时，在烈日下疯狂劳作，即使不吃不喝不睡觉也不放弃绘画。他忍受别人的嘲笑，忍受生活的一贫如洗。我想他有一种感恩的心态在鼓励支撑着自己。为了全身心地爱着他的也是人生的知己——弟弟提奥。所以梵高渴望的生活就是充满感恩的美好生活，自力更生，为了理想永不放弃。

第三问：梵高生前备受磨难和嘲讽，死后却声名远扬，你怎么看这个问题？

1. 认识一个人，认识一种新生事物有一个漫长的过程，我觉得梵高之所以死后成名，一方面固然源于他生不逢时，另一方面也可能是由于他弟弟提奥过早离世，让梵高失去了最好的画作推广宣传商。

2. 名声对梵高来说重要吗？我觉得梵高是用油画表达自己，满地都是六便士，他却抬头看见了月亮。

3. 成功的事业85%来自人际，我觉得梵高人际交往能力太弱，尽管当时的人们确实冷漠了点，但是如果我是梵高的邻居我可能也不喜欢他。当然我可能会包容他。所以人际关系的“黄金法则”梵高需要学习一下。

第四问：你喜欢梵高吗？你愿意成为梵高吗？

1. 我喜欢梵高的画，喜欢他画画的激情，也喜欢他的内心，但不喜欢生活中的他。

2. 我的写作能力太差，但是还好我长着一双会发现美的眼睛。我在网上看到这样一段文字，我摘录下来，它可以表达我的看法。“我喜欢梵高，不是因为感动他苦逼，相反，我觉得他是个把自己活得尽兴了的人，一个穷光蛋，管你们觉得他没天分，反正他想干的事他都干了，如果艺术是兴奋剂，这家伙就是HIGH了一辈子HIGH死的，他的作品中有一种狠劲，是多少人画里没有的，那就是周云蓬说的‘直见性命’，就凭这就打动人，管你服不服气。”

3. 说句实话，我喜欢梵高是因为我做不了梵高。天才的宿命就是孤独和苦难。

4. 梵高精神崩溃，开枪自杀。《麦田上的群鸦》成为他生命的绝唱。艺术的世界总是那么轰轰烈烈，但是现实的生活却总是那么具体实在，梵高活在人们的崇敬里，我更愿意食人间烟火，谈婚论嫁，平平淡淡。

和前几次读书活动一样，读《渴望生活——梵高传》历时一个月，带给学生的影响远远超过预期。我再不纠结于班里有几个人去参观画展了，事实上从12月梵高读书活动第一周开始，去观看梵高画展的学生与日俱增。截至1月5日画展结束，全班参观画展人数21人。很多没有去参观的学生对我说："老师，我从读书课上学到了很多，懂得了很多，虽然我错过了这次画展，但我仍然满怀期待。"当然，我更欣喜于学生对人生有了一种更深刻的体验和感悟。我想这就是阅读文学作品带来的最大财富。

欧文·斯通认为：最能打动读者的不是名人深厚的成就和辉煌，而是他们追求和探索的过程。阅读梵高也是个探索的过程，体验的过程。因为读梵高，同学们对于身边和自己不一样的人，或许从此多了一分包容；对"梵高生命四问"的讨论，不但砥砺了思维，还增加了思维辨析，这何尝不是一种生命的成长。最重要的是我们书香班的每一个人都成了梵高精神上的知己。所以我们都是"提奥"。

每个人心里都有一团火，
但路过的人只看到烟。
但是总有一个人，
总有那么一个人能看到这团火，
然后走过来，陪我一起。

我在人群中，看到了他的火，然后快步走过去，
生怕慢一点他就会被淹没在岁月的尘埃里。
我带着我的热情，我的冷漠，我的狂暴，我的温和，
以及对爱情毫无理由的相信，走的上气不接下气。

我结结巴巴对她说：你叫什么名字。

从你叫什么名字开始，后来，有了一切。

《渴望生活——梵高传》之《写给提奥的信》

1888 年梵高创作了《向日葵》。但当时他被认为是疯子，作品《向日葵》无人问津。

时光流转到 1987 年，《向日葵》在伦敦拍卖会上以 59 亿日元的天价被买走。

人们认识梵高，用了一百年。幸运的是，通过阅读，我和我书香班的学生认识梵高仅仅用了两个月。

教堂边，无花果树下

（《牧羊少年奇幻之旅》）

每逢高一新生入学，我都要给学生开一堂高中生活适应性心理辅导讲座。2014 年书香班学生入学，我在讲座上做了一个小调查，名为“为什么选择就读开元商贸职业学校”。

有的学生说，开元商贸职业学校是国家级职业学校，有他喜欢的电子商务专业,三年后他想开家淘宝店,做个网店老板是他的梦想;有学生说,自己一直喜欢银行工作,考取浙江经贸职业技术学院相关专业是她的梦想,她姐姐就是从这里毕业考上的,她想沿着姐姐的足迹追寻梦想;有的学生说,学校和银泰集团合作多年,她的梦想是高三去银泰实习并成为正式员工……在对职业学校存在偏见的社会舆论环境里,我听着学生们的真诚表达,为他们的梦想感动。

梦想是什么?梦想就是来自心底的对明天的渴求和召唤,那是青春的响雷啊。

学校要举行"我最喜爱的一本书"演讲比赛。当我宣布这个消息时,学生们异口同声说——《牧羊少年奇幻之旅》。

《牧羊少年奇幻之旅》是一部有关选择、成长、梦想的寓言体小说。说的是一个名叫圣地亚哥的西班牙牧羊少年,接连两次做了同一个梦,梦见埃及金字塔附近藏有一批宝藏。在撒冷王的启示下,少年卖掉羊群,历尽千辛万苦一路向南,跨越海峡来到非洲,穿越"死亡之海"撒哈拉大沙漠……其间磨砺与奇遇不断,最后在一位炼金术士的指引下,他终于到达金字塔前,悟出了宝藏的真正所在。小说自 1988 年出版后,便风靡全球,畅销 160 多个国家,被誉为 20 世纪最重要的文学现象之一。整部小说文字表达率直、简洁、清新。梦想主题正能量,很励志,阅读中丝毫没有励志小说通常意义上的鸡汤和庸俗之感。故事情节峰回路转,一波三折:寻宝,探险,沙漠,金字塔,但凡种种都充满了神秘色彩和异国情调。这确实是一本很适合中职生阅读的好书。联系到曾感动过我的学生梦想,我断然决定了师生共读的第五本书——《牧羊少年奇幻之旅》。

《牧羊少年奇幻之旅》读书活动在马云的"梦想还是要有的,万一实现了呢?"的反问句中拉开帷幕。

第一,用"做梦——解梦——弃梦——促梦——寻梦——破梦——圆梦"关键词提示说说这本小说的主要故事内容。

牧羊少年连续做了两个相同的寻找宝藏的梦(做梦)。吉卜赛老妇告诉他要到埃及金字塔那里去,他会得到一批宝藏(解梦)。少年不知道怎样到达埃及,失望之余,决定以后再也不把梦当一回事了(弃梦)。后来,撒冷王现身用故事点醒了少年,并指引少年努力让梦想成为现实(促梦)。在赶往埃及金字塔的路上,少年经历了种种奇幻考验,最后在炼金术士的帮助下横穿撒哈拉沙漠到达埃及,见到了金字塔的壮美(寻梦)。以为自己已经找到了埋宝藏的地点,却在徒劳地挖掘后遭到了一伙劫财难民的打劫,少年的梦想破灭了(破梦)。可是"奇幻"再一次出现,少年意外地从一个难民口中领悟了宝藏的真正埋藏地。牧羊少年重返西班牙,找到宝藏,最终实现了自己的梦想(圆梦)。

第二,牧羊少年的梦想是什么?为什么有这个梦想?

学生1:赶着羊群,找到自己睡梦里的宝藏。

学生2:牧羊少年认为"了解世界远远比了解上帝和人类的罪孽来得重要"。

学生3:他从小的梦想就是能云游四方。

第三,牧羊少年为了实现梦想遭遇了哪些奇幻的经历?

学生1:牧羊少年刚踏上寻宝之旅,就遭遇骗子,被骗走了所有的钱,心灰意冷。后来,他走进了一家水晶店,先是帮老板擦拭水晶以求果腹,后来又帮老板在山丘顶上招揽水晶生意获得一大笔佣金。从一无所有到一个成功的生意人的传奇转变,这不能不说是一种奇幻。

学生2:横穿撒哈拉沙漠时,和汲水少女法蒂玛一见钟情。一边是爱情,一边是梦想,少年曾经苦苦挣扎。少年因为识别预兆帮助绿洲人逃过了惨遭杀戮的灭顶之灾。这也是一种奇幻。

学生3:辞别绿洲,在炼金术士的鼓励下,牧羊少年继续向金字塔进发。在穿越沙漠途中被军队所掳,靠和太阳、风的对话成功逃脱,最终到达埃及,见到了金字塔的壮美。当俘虏后又绝处逢生,这也是一种奇幻。

学生4:最奇幻的是,牧羊少年在挖掘宝藏时,为了一块金子他差点被难民打死。后来,在难民口中他悟出了宝藏地址原来竟然就是自己的家乡西班牙,于是踏上归途,重返家乡,最终在教堂边的无花果树下寻得宝藏。牧羊少年从终点又回到了起点,可谓首尾呼应,这又是一种奇幻。

第四,牧羊少年为什么能实现他的梦想?

(一)在实现梦想的道路上,牧羊少年曾经得到过哪些人的激励和帮助?

学生1:来自父亲的鼓励。父母希望他成为一名神甫,成为一个普通农家的骄傲。后来父亲倾听了儿子的理想,给他一个装有三枚西班牙金币的钱袋,支持他去买一群羊,云游四方,并且深深地祝福了他。从父亲的目光中,男孩看出,父亲也想云游四方。可见父亲鼓励支持牧羊少年实际上也寄托着父亲自己的人生理想。

学生2:来自吉卜赛老妇人的解梦指点。“这个梦表明,你应该前往埃及金字塔。我从未听说过金字塔,不过,既然是个小孩让你见到了它,那金字塔就一定存在。你将在那里找到宝藏,变成富翁。”

学生3:来自撒冷王的帮助。撒冷王告诉牧羊少年,完成自己的天命是人类无可推辞的义务,并且把白色宝石和黑色宝石送给牧羊少年,告诉他当他辨别不出预兆时,这两块宝石能帮上忙。

学生4:撒冷王还告诉少年,生活永远掌握在自己手中,实现天命必须战胜否定梦想的力量。他和少年讲了“卖爆米花的小贩”的故事,激励少年树立梦想就应该创造条件全力以赴去实现梦想。他还讲了“绿宝石的矿工”的故事劝勉少年,在实现梦想的道路上,无论遇到多大的困难都不能放弃,都要坚持。只要永不放弃,梦想就终究会实现。

学生5:来自炼金术士的劝勉。“不要忘记,你的心到哪儿,你的宝藏就在哪儿。你必须找到你的宝藏,否则你在途中发现的一切便全都失去了意义”。他让牧羊少年卖掉骆驼,买了一匹马,成功地劝阻了牧羊少年止步绿洲,放弃梦想的行为。

学生6:穿越沙漠被军队俘虏时,炼金术士用牧羊少年的钱为牧羊少年赢得了三天活命时间并且引导少年学会讲“风的语言、沙漠的语言、太阳的语言”,使牧羊少年成功逃脱了军队的控制。最终,炼金术士带领牧羊少年到达了离金字塔只有三小时的地方才策马离去。

学生7:来自法蒂玛的理解和鼓励。“倘若我真的是你梦想的一部分,那么,有一天,你终究会回到我身边。”正是法蒂玛的理解使牧羊少年义无反顾全身心地投入实现梦想的努力。法蒂玛是个聪明的姑娘，她懂得得到牧羊少年的爱情最好的方法是帮助他实现自己的梦想。

(二)吉卜赛老妇人要牧羊少年宝藏的十分之一，撒冷王要牧羊少年羊群的十分之一，他们为什么会提这样的要求？和梦想有关系吗？

(1)吉卜赛老妇人“要宝藏的十分之一”旨在告诉少年：要把梦想变成现实，必须付出代价。

(2)撒冷王麦基洗德要“羊群的十分之一”，是想告诉少年，不要预支未到手的东西，追寻梦想必会付出代价，意在增强少年追寻梦想的信念。

五、结合文章内容，联系自己的生活实际，用“我认为实现梦想必须要有________因为________”的格式，说说如何实现自己的梦想？

后　记

《牧羊少年奇幻之旅》读书活动后，“我最喜爱的一本书”演讲比赛拉开帷幕。班长边妤婷带着读书活动的满满激励，一口气写了约1100字的演讲美文，代表书香班参加了比赛，获得演讲比赛一等奖。

为梦想奔跑

——读《牧羊少年奇幻之旅》

敬爱的老师，亲爱的同学，大家下午好！

今天我演讲的题目是《为梦想奔跑》。

记得海明威的小说《老人与海》中，那个在黑暗中和风浪、和大鱼勇敢搏斗的老人吗？他的名字叫圣地亚哥。他的那句激励无数青年的至理名言“一个人并不是生来要给打败的……你尽可把他消灭掉，可就是打不败他”同样也鼓舞了我。前段日子我读了《牧羊少年奇幻之旅》。巧的是，小说主人公也叫圣地亚哥。“当你想要某种东西时，整个宇宙会合力助你实现愿望”，这铿锵有力，智慧参透的语言，顿时让我热血沸腾，踌躇满志。“圣地亚哥”何止是一个人名?!

它是一种召唤，一个梦想。

《牧羊少年奇幻之旅》讲述的是西班牙少年圣地亚哥追梦的故事。圣地亚哥因为喜欢四处游荡，成了牧羊人。他两次做了同样的梦，梦见他在金字塔附近找到一批宝藏。于是，他在撒冷王的指引下从西班牙渡海去非洲，开始了自己的追梦之旅。追梦之旅一波三折：在北非的丹吉尔，他被小偷掠走钱财没法远行，一度心灰意冷。后来在水晶店打工11个月，挣到一大笔佣金后随即加入了横穿撒哈拉的商队。在沙漠跋涉途中，圣地亚哥遇见了少女法蒂玛，两人一见钟情，坠入情网的圣地亚哥几乎忘了自己寻梦的初衷。后来，炼金术士敦促他重新踏上追梦旅途。途中他们被军队所掳。圣地亚哥在与沙漠、风和太阳的对话中接触了世界之魂，如愿脱身，终于到了吉萨，见到了金字塔的壮美。然而，在挖掘宝藏的过程中，他身上带的一块金子又被当地躲避战乱的难民夺去了。为了躲避殴打，圣地亚哥把自己梦见宝藏的故事告诉了他们。巧合的是难民中那个头领模样的人说自己也反复做过一个梦，梦见宝藏在西班牙的一座废弃的教堂里。这教堂正是当初圣地亚哥梦见金字塔的地方。于是，圣地亚哥幡然醒悟。他重返西班牙，回到教堂，找到了宝藏。

故事带有很浓厚的东方色彩，一切从"一"开始，又回归到"一"，但开始的"一"和回归的"一"已经不在同一个层次。这是一个简单的故事，并用简单的语言叙述了出来。故事的主题非常不简单：每个人的一生中都会有独属自己的"个人神话"。个人神话是什么呢？其实就是你的梦想。但很多人在尘世的忙乱和自己设定的种种借口中慢慢忘掉了自己的那个"个人神话"，迷失在安逸舒适的生活中不能自拔，最后失去奔跑的动力，抱憾终身。

从牧羊少年圣地亚哥身上，我好像找到了自己的影子：一个从杭州十三中教育集团跨入开元商贸职业学校大门的平凡女孩，怀着追梦的心，意气风发，斗志昂扬。冥冥之中我似乎触摸到了我的"个人神话"，我知道我的职业追梦之路才刚刚开始。后面的路会遇到什么，最终会有什么样的结局，我不知道，也不希望知道。我只是听从心的指引向前，追寻生命的宝藏。也许走向远方再无归途，也许回到原点云淡风轻。我唯一知道的是，一心向着梦想奔跑的人，整个世界都会为你让路。只要梦想在，前方就没有尽头。

电商147班　边妤婷

问世界"情"为何物

（《平凡的世界》）

《平凡的世界》读书活动之后，书香班的学生意犹未尽。

一次语文课下课，王洪文等几个男同学对我说，在他们这个年龄，哪个少男不钟情，哪个少女不怀春？希望再搞个读书活动，讲讲平凡世界里的爱情。

王洪文的话点醒了我。"爱情"这一美丽的词儿，充满了瑰丽的芬芳。在《平凡的世界》中，不平凡的爱情里满是人性的张力。我选取了全书描写爱情的八个经典片段，让学生以小组自由选择的方式任选其一，对片段中主人公的爱情进行解读。

一周后，《问世界"情"为何物》读书活动课拉开帷幕。

首先上场的是王君小组，他们的主题是"孙少平和田晓霞爱情解码"。

刚一开始，他们小组就展示了田晓霞和孙少平在火车铁轨上、古塔山、大亚湾煤矿等来自电视连续剧《平凡的世界》的一组剧照。在背景音乐《斯卡布诺集市》旋律下，幻灯片上展示了一段文字。

书香才子张超用浑厚的男中音朗读了这节文字："孙少平接过这三本彩色塑料皮日记本，随手打开了一本，那熟悉的，像男孩子一样刚健的字便跳入了眼帘——

> ……酷暑已至,常去旁边的冶金学院游泳,晒得快成了黑炭头。时时想念我那'掏炭的男人'。这想念像甘甜的美酒一样令人沉醉。爱情对我虽是'初见端倪',但已使我一洗尘泥,飘飘欲仙了。我放纵我的天性,相信爱情能给予人创造的力量。我为我的'掏炭丈夫'感到骄傲。是的,真正的爱情不应该是利己的,而应该是利他的,是心甘情愿地与爱人一起奋斗并不断地自我更新的过程;是融合在一起——完全融合在一起的共同斗争!你有没有决心为他(她)而付出自己的最大牺牲,这是衡量是不是真正爱情的标准,否则就是被自己的感情所欺骗……

孙少平的视线被泪水模糊了。他合住日记本,似乎那些话不是他看见的,而是她俯在他耳边亲口说给他听的……"张超话音刚落,班级掌声四起。

接着组长王君代表小组解读了孙少平、田晓霞的爱情:我们欣赏孙少平爱的勇气,我们赞叹田晓霞爱的执着。一个是农民的儿子,一个是干部子弟;一个是大学生、省城大记者,一个是高中毕业生、挖煤的煤炭工人。孙少平和田晓霞相爱是因为精神上的默契和相互滋养。在爱情面前,身份、家庭出身、工作、阶层都已不重要。宁可坐在宝马车里哭,不愿坐在自行车上笑的物质男女们,不知你们还相信爱情吗?孙少平、田晓霞给我们交出了答卷。

紧接着上场的是第二小组组长顾红。只见他手执话筒，深情地演唱了《在那遥远的地方》。“在那遥远的地方，有位好姑娘，人们走过她的帐房都要回头留恋地张望。她那粉红的笑脸，好像红太阳，她那活泼动人的眼睛好像晚上明媚的月亮。”在全班同学的惊叹声中，第二小组组长顾红带领全小组朗诵了金波的内心独白：“别了，草原！别了，雪山！别了，我亲爱的姑娘！无论你此刻在什么地方，我都向你祝福，祝福你美满地生活在人间。我会永远珍藏着你的微笑，你的歌声，一直到我闭住眼睛的那一天。我同样会不息地唱那支歌，那支青春和爱情的歌；愿你常能听见这支歌。我仍然在焦渴地企望，某一天，甚至我们已白发苍苍，我们或许还能相见；如若不能，哪怕是在梦中，或在死后的另一个世界里……别了，我心上的人啊！”

余音绕梁中，组长顾红解读金波和牧马姑娘的爱情：这是世界上最唯美的爱情，因为它的不完美，因为金波的热泪涟涟。草原上有金波的青春和爱情，尽管八年后物是人非，但他记忆里永远是那个黑眼镜红脸蛋的牧马姑娘。爱的玫瑰开满草原，那是绝美的爱情之花。

杨杨小组上场了。

“先请大家和我一起读孙兰花和王满银的‘爱情宣言’。女生读孙兰花的语言，男生读王满银的信天游，另外的文字由我来读。”杨杨一上场就落落大方发出了邀请。“王满银已经累得像散了的骨头架；一绺头发耷拉在汗迹斑斑的额头上，手里拉着四岁的女儿猫蛋，松松垮垮地走着。不过，终于释放回来了，他脸上带着说不出的轻松和愉快，一路走，一路嘴里还哼哼唧唧吟着信天游小曲。兰花把两岁的儿子狗蛋抱在自己热烘烘的胸脯里，跟在她的二流子男人身边，也喜得眉开眼笑。

“半路上，兰花心疼地对男人说：‘家里还有六颗鸡蛋，我回去就煮！你和猫蛋狗蛋一人两个！’王满银高兴得嘴一咧，竟然放开声唱了两段子信天游：青线线(那个)蓝线线，蓝格莹莹彩，生下一个兰花花，实实的爱死个人！

“五谷里(那个)田苗子，唯有高粱高，一十三省的女儿哟，数上(那个)兰花花好……

“兰花脸涨得通红，跑过去用她那老茧手在王满银的后脑勺上拍了一巴掌。王满银脖子一缩，眼一瞪，嬉皮笑脸地把舌头一吐，他这副鬼样子把两个孩子逗得直笑……”

朗读声消失，杨杨代表小组成员解读了王满银与孙兰花的爱情：世界上最幸福的可能是王满银，一个游民，一个不务正业，花心懒惰的男人。但是他会唱信天游，会说动听的话，他是个能博女人开心的“文艺青年”。兰花死心塌地跟着他，只因为他是她的男人。兰花是农村里最朴实、最善良、最死心塌地的好女人。兰花，拯救了王满银，也拯救了自己的爱情。

第四个上场的是舒丽娟。舒丽娟先给大家欣赏了王菲和陈奕迅演唱的《因为爱情》MV。接着小组里的三个男生集体朗读了这段文字：“秀莲一见少安的面，就惊喜得心怦怦乱跳：天啊，这就是她要找的那个人嘛！他长得多帅！本地她还没见过这么展扬的后生！再说，这人身上有一股很强的悍性，叫一个女人觉得，跟上这种男人，讨吃要饭都是放心的；只要拉着他的手，就对任何事不怯心了。相比之下，本地那些想和她相好的小伙子，一个个都成了毛手毛脚的猴球小子！她马上把自己一颗年轻而热情的心，交给了这个远路上来的小伙子。当少安一再说他家如何如何穷的时候，她连听也不想听。穷怕什么！只要你娶我，再穷我也心甘情愿跟你走！”

最后，舒丽娟代表小组解读了孙少安与贺秀莲的爱情：“贺秀莲太有眼光了，她对孙少安一见钟情。虽然，贺秀莲得了肺癌，但是在爱情这件事情上，我们认为贺秀莲是聪明智慧的不平凡女子。贺秀莲的不平凡表现在她不世俗，不贪恋钱财，她不是个物质女，是个注重人品和能力的人。孙少安家里的确一贫如洗，可是贺秀莲没有后悔，更没有退缩。她做了世界上最好的贤内助，和孙少安风雨同舟，相濡以沫，最终收获了不平凡的爱情。我们向贺秀莲致敬。”

第五个小组上场了。组长孙平几乎是小跑着走上讲台。在电视连续剧《平凡的世界》主题曲的伴奏下，他展示了几张孙少安和田润叶的剧照。“正月里冰冻呀立春消，二月里鱼儿水上漂，水呀上漂来想起我的哥！想起我的哥哥，想起我的哥哥，想起我的哥哥呀你等一等我……”

接着，小组成员沈超朗读了下面的一段文字：“少安赶快低头看润叶交到他手里的那封信，才发现这不是田福军给公社领导写的那封！他莫名其妙地把信从信封里抽出来，看见一张纸上只写着两句话——

少安哥：

我愿意一辈子和你好。咱们慢慢再说这事。润叶

“孙少安站在公路上，一下子惊呆了。他扭过头来，看见润叶已经穿过东拉河对面的石圪节街道，消失在了供销门市部的后面。街道后边的土山上空，一行南来的大雁正排成‘人’字形，嗷嗷地欢叫着飞向了北方……”

沈超的朗读极具魅力，声音沙哑而低沉，孙少安和田润叶的爱情基调原本就是淡淡的忧伤啊！最后吴凌斌解读了孙少安与田润叶的爱情：“两个相爱的人不能在一起，这是最伤感的爱情。读田润叶和孙少安的爱情，心中难免苦涩。但是苦涩之余，理性的思考提醒着我和我们小组。我们坚定地认为，孙少安的选择是对的。尽管我们是那么喜欢美丽、善良、多情、温柔且善解人意的田润叶。孙少安之所以拒绝田润叶，是因为孙少安内心里觉得自己不能给田润叶幸福。他们之间有难以逾越的鸿沟。孙少安觉得自己是‘泥腿子’，田润叶是有地位有身份的城里人；田润叶的舞台在城市，如果嫁给了自己，农村的粗野、荒凉、落后会摧毁田润叶的幸福生活。什么是爱？爱是让爱你的人幸福！”

第六小组的出场可以说是充满了诗情画意。只见管云珠和曹竞手执话筒，分男女角色朗诵起舒婷的《致橡树》。背景音乐用的是：

我如果爱你——
绝不像攀援的凌霄花，
借你的高枝炫耀自己；
我如果爱你——
绝不学痴情的鸟儿，
为绿荫重复单调的歌曲；

也不止像泉源，
长年送来清凉的慰藉；
也不止像险峰，
增加你的高度，衬托你的威仪。
甚至日光，
甚至春雨。
不，这些都还不够！
我必须是你近旁的一株木棉，
作为树的形象和你站在一起。
…………

在舒缓轻快的音乐声中，小组全体成员朗读了爱情片段：“兰香漫步在这迷人的夏夜，心中涌动着青春的热潮。她突然渴望立刻找到仲平，对他说：我去你们家！这么晚了，她当然不能到男生宿舍去找他。明天吧……第二天早晨上偏微分方程数值时，她像往常那样坐在吴仲平早就为她占好的座位上。开课前，她从笔记本里撕下一张纸条，在上面写了‘我去’两个字，悄悄推到他面前。

“仲平看了看纸条，立刻有点坐立不安。他悄悄对她说：‘我下课后就给家里打电话！’”

“其实我们组最羡慕的是吴仲平和孙兰香，”组长李琦一上台就开门见山表明自己的感受。“吴仲平，官二代，高富帅。在世人眼里兰香是幸运的姑娘。可是翻开兰香的成长历史，我们都知道兰香在走向白富美的路上,她其实有足够的优秀和吴仲平比肩站立。”

田润生和郝红梅是《平凡的世界》里最出乎意料又合乎情理的一对了。小组长孙钰面带微笑,自信地走上讲台,缓缓打开了幻灯片,紧接着她饱含真情地朗诵起来:“在一个满天飞霞的傍晚,有个提着小包的瘦高个青年,从前沟道的架子车路上走来。他趟过霞光染红的小河,来到了这块玉米地,一直走到了她面前。

“这是田润生。

“对红梅来说,这个人就像从天而降!她说不出话,流不出泪,只是惊讶地看着他。世界在一瞬间凝固了。紧接着,天地一齐像飞轮般旋转起来。

“亮亮惊恐地依偎在红梅身上——他对任何走近母亲的男人都永远怀着惧怕。孩子问:‘妈妈,他是谁?’

“她嘴唇颤动着,哽咽地说:‘这是……你的爸爸!’

“她抱起儿子,幸福地闭住眼睛,投向他伸开的双臂之中……”

最后,在同学们热烈的掌声中,孙钰展示了小组对田润生与郝红梅的爱情解读:“郝红梅曾经‘伤害’过孙少平。可是我们对她没有恨,只有理解和同情。后来命运捉弄,偏偏她一时犯浑,因为偷窃葬送了她的初恋。刚开始我们是替田润生惋惜的。一个家境还算殷实,长相也算英俊的退伍后生,一个叔叔在城里做大官的年轻小伙子,竟然娶一个带着儿子的寡妇,有些匪夷所思,后来我们想明白了,这就是爱情,爱情的滋长往往不按常理出牌。老实说,田润生喜欢郝红梅更多的是出于一种同情和怜爱吧。但凡男人总喜欢做女人的大树,那样才显得自己是个伟岸的男子汉。田润生在郝红梅那里找到了自己男子汉的尊严和价值。他给郝红梅甜美的爱情，给郝红梅继续生活下去的勇气和信心，实际上也给了自己男人的宽广、豁达和不平凡。虽然他们的爱情遭遇过挫折，但是在真爱面前，风雨过后就是彩虹。祝福他们！”

最后上场的是第八小组。只见组长俞阳一个箭步走上讲台，铿锵有力地宣布：“我们小组抽到的爱情故事是个悲剧但又是个喜剧。”全班开心大笑起来。紧接着，小组成员张杰、崔小妮朗读了小说爱情片段：“这是人生的心酸。在我们短促而又漫长的一生中，我们在苦苦地寻找人生的幸福。可幸福往往又与我们失之交臂。当我们为此而耗尽宝贵的青春年华，皱纹也悄悄地爬上了眼角的时候，我们或许才能稍稍懂得生活实际上意味着什么……田润叶自己也弄不明白，为什么多年来那个肢体完整的人一直被她排在很远的地方，而现在她又为什么自愿走近个失去双腿的人？

“人生就是如此不可解说！

“总之，田润叶突然间对李向前产生了一种怜爱的情感。她甚至想到她就是他的妻子；在这样的时候，她要负起一个妻子的责任来！

“真叫人不可思议，一刹那间，我们的润叶也像换了另外一个人。我们再看不见她初恋时被少女的激情烧红的脸庞和闪闪发光的眼睛；而失恋后留在她脸上的苍白和目光中的忧郁也消失了。现在站在我们面前的是一个含而不露的成熟的妇女。此刻，我们真不知道该为她惋惜还是该为她欣慰。总之，风暴过去之后，大海是那么平静、遥远、深沉。哦，这大海……”

最后，组长俞阳宣读了小组对李向前与田润叶的爱情解读：李向前是平凡世界里最不平凡的丈夫。面对有名无实的爱情婚姻，他竟然能逆来顺受！在这一点上他有点窝囊，也太过软弱。最终，李向前因为残疾，因为善良和包容，最终换回了田润叶对自己的爱。有人说，田润叶是良心发现才回心转意的，也有人说田润叶是对孙少安死了心才被迫回心转意的。我们觉得这都是误解。“当我们为此而耗尽宝贵的青春年华，皱纹也悄悄地爬上了眼角的时候，我们或许才能稍稍懂得生活实际上意味着什么……”生活实际上意味着扛起一个人的责任就是最美丽的爱情！田润叶挽救了李向前，田润叶也救赎了她自己。

看着、听着、感受着书香班学生对《平凡的世界》的爱情解读，我内心是欢欣的，受鼓舞的，为孩子们的爱情观、价值观、人生观。他们的解读中，没有虚伪的豪言壮语，也没有浅薄的无病呻吟，有的是对爱情的思考，对生活的思考。

读书部分的第二个环节是，我要求学生用一两个关键词总结美好爱情的必备特质。男女角度不限。那真是一场非常美妙的脑力情感激荡。学生们好词妙句不断涌现：

孙少安、贺秀莲：同甘共苦，相濡以沫

孙少平、田晓霞：精神对等，灵魂相知

王满银、孙兰花：浪漫文艺，死心塌地

吴仲平、孙兰香：志同道合，相知相爱

田润生、郝红梅：坚定不移，甘于奉献

李向前、田润叶：责任担当，宽容耐心

最后在音乐声里，我送给了书香班同学们一组有关爱情的名人名言。

爱情就等于……生活，而生活……是一种责任，义务，因此爱情是一种责任。——冈察洛夫

如果一个人没有能力帮助他所爱的人，最好不要随便谈什么爱与不爱。当然，帮助不等于爱情，但爱情不能不包括帮助。——鲁迅

那种用美好的感情和思想使我们升华并赋予我们力量的爱情，才能算是一种高尚的热情；而使我们自私自利，胆小怯弱，使我们流于盲目本能的下流行为的爱情，应该算是一种邪恶的热情。—— 乔治·桑

爱是生命的火焰，没有它，一切变成黑夜。—— 罗曼·罗兰

爱之花开放的地方，生命便能欣欣向荣。—— 梵高

读书的风景

阅读对学生审美趣味的培养及精神探索都有着非凡的意义。怎么阅读，就会怎样生活。从这个意义上来说，有阅读就应该有评价。没有评价就没有阅读。PPT 演讲、文学沙龙、读后感展示、情景剧表演等都是一种评价。评价亦是读书的风景。

阅读成绩报告单

“书香班级建设”阅读活动呈“建设班级图书角——有序阅读和定量管理——积极阅读评价”的架构实施。有几个问题需要特别说明。

第一，怎么选书？

书香班级应该要有自己的班级图书馆。班级图书馆对整个班级的书香建设有着非凡的意义。它是一种暗示，也是一种我要阅读的表达和激励，更是一种对文化和思想的最高级滋养。所以，我腾出教室一隅作为班级图书馆的专用区域。

通常来说，在图书的选择上，文学类书籍厚实人文底蕴，人物传记类书籍给予人生启迪，乡土人文类书籍滋养文化根基。这些都是选择图书的基点。但是，不同年龄阶段对阅读书本的选择、喜好和认知是完全不同的，书香班所选择的书籍必须符合中职生年龄特点、认知水平、阅读现状，要贴近学生的最近发展区。书香班级图书馆的书，是本着教育性、益智性、适宜性和趣味性原则，通过学生捐、班主任捐的方式，建立、充实和丰富起来的。具体地说，经过全班同学民主商议，制订班级图书管理条例。在征得家长同意的情况下参考杭州市教育局品味书香推荐书目，要求每生每学年自带一本图书到班级参与阅读交换。班主任自愿捐助班级图书 80 册。这样，按照每个学生两学年捐两本书计算，班级 43 名学生共能捐助图书 86 本，加上班主任 80 本，共 166 本图书，基本上能从源头上保证图书的更新和完善。根据图书管理条例，在高三毕业或分班前，学生自动取回自己所捐图书。

第二，读哪些书？

书香班级图书角选择图书有三种渠道：

(1)从学生喜爱的书本中选取：学生选择的书籍都是他们感兴趣的图书。优秀的武侠小说比如《笑傲江湖》，科幻小说比如《三体》，寓言小说比如《牧羊少年奇幻之旅》，等。

(2)从教师接触的书籍中选取：班主任老师选取的图书一定是教师本身能把握，又适合所在班级学生年龄特点的。这样的图书很容易被应用到教学教育活动中，同时这些所选书籍易于激发、理解和丰富情感体验。比如《平凡的世界》《呼兰河传》《皮囊》《谁的青春不迷茫》。

(3)从品味书香征文大赛中选取:杭州市教育局一年一度的品味书香征文大赛,推荐品读作品视野开阔,兼顾中职生的年龄特点和阅读实际,推荐阅读书目具有很高的参考价值。同质性高,可比性佳。

第三,如何评价?

苏霍姆林斯基说,“成功的欢乐是一种巨大的情绪力量”,“教学的实质在于激励与唤醒”,从这个意义上说,没有评价就没有阅读。所有阅读活动都应由教师或学生给予评价。我们要善于发现学生在阅读中的成功之处并及时喝彩,最大限度地满足学生的成就感。以往传统意义上的评价,通常采用的是阅读测验法。这种评价方式最大的弊端是“引导”学生为考试而阅读,为应付检测而努力,造成的直接后果是让学生讨厌阅读。同样道理,书香班级建设的阅读如果没有反馈和评价,阅读的效果必定会大打折扣。学生个体不一,阅读有差异,如果用一把尺子统一衡量,必定会挫伤学生的积极性。拒绝评价单一,推行多元评价、多角度评价才能真正激发学生的阅读兴趣。伶牙俐齿者演讲阅读,电脑高手 PPT 阅读,诗歌朗诵、小报阅读等都是评价方式。当然集体参与的诸如元旦诗会、阅读沙龙也因为其参与面广备受学生喜爱。

阅读即发展。读书应走向持久性发展,有序阅读和定量管理极为重要。有序阅读让学生看到自己成长的轨迹,定量管理让学生收获丰收的喜悦。简单地说,就是班主任就阅读的书目选择、时间安排,和学生一起讨论制订出读书计划,要求学生按计划有步骤地读书。规定每人一学期至少完整阅读两本书,一学期最低阅读量为 40 万字,背诵诗歌不少于 30 篇,每月读书实践活动人人参与。

具体阅读评价方法如下:

第一,PTT 展示读后感,在赏析交流中评价。

根据班级阅读节奏,每隔一段时间组织学生进行 PPT 演讲。结合学生的推荐和班主任的观察,在学生中挑选五个评委,班级的其他成员为大众评委。PPT 演讲是一种容易操作并且行之有效的评价法。学生用 PPT 的形式就文学作品中的人物、故事、主题甚至是一段著名的议论,由点到面展开阅读评价。背景音乐的选择、PPT 画面的精致、演讲内容的精彩度,或者是演讲者的独立思考见解都可以让学生进行赏析、讨论、评价。每个同学演讲结束后评委席和听众席都要派代表对演讲进行点评,评委们当场打分、亮分。这种透明公开的评价方法,既刺激又符合时代潮流,学生也在评价活动中获得知识、开阔眼界、陶冶情感,最终获得审美愉悦。因此,PPT 演讲的评价方法,学生非常喜欢。

第二,在阅读展览,阅读量化评比中进行评价。

阅读成长足迹的清晰有助于帮助学生厘清自己的阅读现实并能展望未来。厘清是为了让学生体验成功,收获快乐,保持阅读的热情。最终目的是激励和鼓舞。教室的墙壁上贴满学生的阅读作品,如读后感、人物介绍、名著推荐等等,这样做就能让学生在被老师、同学、家长的欣赏中积累成功的体验,收获自信,这是真正意义上的鼓掌和加油!为了让阅读脚步走得踏实,班主任指派一名专职班级图书馆馆长,用量化的方式就同学的读书数量、读书摘抄、晨诵古诗篇目、暮省作文写作等进行统计、评价和展示。目的是让大家在相互学习中共同进步,从而掀起你追我赶的阅读风尚。班级对阅读优胜者、进步者给予奖励,并允许学生和班主任对奖励进行讨价还价。这种以“展”代评,将评价融入具体活动的方式,必定会让每一次展览成为阅读的一个加油站、一个助推器。

第三,撰写读书心得体会进行评价。

阅读是一件私人的事情。同一部作品,每个人对其的感受是有差异的。所谓“一千个读者眼中有一千个哈姆莱特”说的就是这种情况。独特的阅读体验极其珍贵,一方面它真实地表达了学生的情感情绪,另一方面也能为教师评价学生阅读效果提供鲜活的材料。学生就作品里的某一个话题畅所欲言,百家争鸣,教师顺势“察纳雅言,广开言路”。然后教师对学生的发言进行多维度的评价,比如思维的深度、阅读的广度、读书的厚度等。最后,教师可以把优秀作品张贴在教室的墙壁上,“会说话的墙壁”对学生来说,往往是莫大的荣耀。

阅读评价对班主任而言,自己的身体力行也非常重要。班主任不能成为阅读的局外人,唯有如此,才能具体深刻地体会到书中人物的情绪情感,也才能依托自己的阅读思考,在对话交流中和学生碰撞出思维的火花。

另外,古诗词背诵、美文摘抄等也是一种阅读。每天 200 字、每周 1000 字的美文摘抄,每学期 16000 字的摘抄量,每学期至少 40 首古诗词背诵量也都应该纳入阅读评价。阅读成绩总分 10 分,纳入语文期末总分。

附件1　书香班必读书目

1. 高一上学期《牧羊少年奇幻之旅》《渴望生活——梵高传》
2. 高一下学期《平凡的世界》(全3册)
3. 高二上学期《苏东坡传》《皮囊》
4. 高二下学期《万历十五年》《活着》

附件2　书香班图书角书库(166本)

序号	图书	序号	图书
1	《皮囊》	2	《霍乱时期的爱情》
3	《哲学的慰藉》	4	《生命中最美好的事都是免费的》
5—7	《平凡的世界》1—3册	8	《呼兰河传》
9	《从你的全世界路过》	10	《谁的青春不迷茫》
11	《带一本书去巴黎》	12	《渴望生活——梵高传》
13	《自由在高处》	14	《万历十五年》
15	《蒋勋破译梵高之美》	16	《常识》
17	《思想国》	18	《汪曾祺散文》
19	《活着》	20	《麦田里的守望者》
21	《瓦尔登湖》	22	《挪威的森林》
23	《穆斯林的葬礼》	24	《海边的卡夫卡》
25	《苏菲的世界》	26	《飞鸟集》
27	《三国演义》	28	《文化苦旅》
29	《白夜》	30	《流言》

续 表

序号	图书	序号	图书
31	《柠檬蛋糕的特种忧伤》	32	《牧羊少年奇幻之旅》
33	《飘》上	34	《飘》下
35	《书剑恩仇录》上	36	《书剑恩仇录》下
37	《笑傲江湖》	38	《美的沉思》
39	《在梵高的星空下岁月流转》	40	《布鲁克林有棵树》
41	《梦幻飞翔岛》	42	《房间》
43	《许三观卖血记》	44—49	《藏地密码》1—6册
50—57	《蒋勋说红楼梦》1—8辑	58	《天蓝色的彼岸》
59	《人生若只如初见》	60	《唐诗三百首》
61	《普希金诗集》	62	《俗世奇人》
63	《蒋勋说宋词》	64	《潜水钟与蝴蝶》
65	《像少年啦飞驰》	66	《三重门》
67	《阅读忧伤的城市》	68	《十七岁开始苍老》
69	《张晓风散文精选》	70	《爱了就会活过来》
71	《张爱玲散文集》	72	《于丹〈论语〉心得》
73	《宋词三百首》	74	《史记》
75	《精神明亮的人》	76	《总有一天，你要一个人走》
77	《海底两万里》	78	《认得几个字》
79	《培根随笔》	80	《做最好的自己》
81	《改变命运的30种习惯》	82	《幸福了吗？》
83	《越读者》	84	《呼救人心》

续 表

序号	图书	序号	图书
85	《最伟大的励志书》	86	《蜗牛教我慢慢活》
87	《中国大历史》	88	《人类神秘现象破译》
89	《写给中学生的心理学》	90	《读者》
91	《细节决定成败》	92	《淡定》
93	《愤青时代》	94	《小制作小发明》
95	福尔摩斯探案全集	96	《历史是个什么玩意儿》
97	《妙语连珠》	98	《中国国家地理》杂志任意一册
99—109	《大秦帝国》1—11 卷	110	《朝花夕拾》
111	《简·爱》	112	《钢铁是怎样炼成的》
113	《童年》	114	《夏洛的网》
115	《假如给我三天光明》	116	《红楼梦》
117	《红玫瑰与白玫瑰》	118	《兵猴传奇》
119	《雪国》	120	《老人与海》
121	《东周列国志》	122	《做最好的自己》
123—125	《魔戒》1－3 册	126	《安妮日记》
127	《美学散步》	128	《动物农场》
129	《解忧杂货店》	130	《苏东坡传》
131	《傅雷家书》	132	《名人传》
133	《百万英镑》	134	《致女儿书》
135	《男生贾里全传》	136	《幸福的七种颜色》
137—139	《三体》1－3 册	140	《我与地坛》
141	《追风筝的人》	142	《月亮的光是借来的》

续 表

序号	图书	序号	图书
143	《生如夏花:泰戈尔经典诗选》	144	《包法利夫人》
145	《愿生命从容》	146	《心有欢喜过生活》
147	《如何阅读一本文学书》	150	《你永远无法叫醒一个装睡的人》
151	《为了报仇看电影》	152	《再被狐狸骗一次》
153	《看见》	154—157	王鼎钧回忆录四部曲
158	《人间有味是清欢》	159	《藏在这世界的优美》
160	《不抱怨的世界》	161	《雾都孤儿》
162	《我与世界只差一个你》	163	《总有一次哭泣,让人瞬间长大》
164	《父子电影俱乐部》	165	《四十八堂国史课》
166	《少年特种兵》		

附件 3 学期阅读成绩报告单

阅读项目		得分情况
必读书目	《皮囊》	20 分
自由阅读书目	至少一本(三本以上加 10 分)	10 分,最高 20 分
美文摘抄	至少 15000 字(每天 200 字)	20 分(按 16 周计算,4 分为整洁分)
古诗背诵	每学期 40 首(同步语文教学要求)	40 分
PPT 制作	每学期至少两次	20 分
演讲	至少一次	10 分

续　表

阅读项目		得分情况
读后感	每学期至少两篇	20 分
比赛获奖、寒假作业		10 分
		学期末折算为语文成绩 10 分

阅读的风景

北大陈平原教授在他的《读书的风景》一书中，对一幅摄于 1940 年伦敦大轰炸期间的照片，有过这样的描述：“坍塌的图书馆，靠墙的书架并没有倒下，瓦砾堆中，三个男子还在怡然自得地阅读。这固然是对抗厄运，坚信未来，但也不妨解读为：阅读已经成为人的日常生活，成为生命存在的标志。”我总是有意无意地把这张照片展示给学生看，把这段文字读给学生们听。学生们当然明白我的用心，而我则像一个农人，天天期盼着学生们阅读的种子发芽！

学生的阅读是需要评价的。所以，我在践行阅读的同时，把阅读评价也纳入了书香班集体建设。有关阅读评价的具体方法我在上篇文章中已经有过详细说明。这里我主要想补充一些看不见的阅读评价。我姑且把它命名为书香班读书的风景。我想这是一种不是阅读评价的评价,它没有分数,和阅读成绩单无关,但是它弥足珍贵。读书的风景就选取学生的三个剪影吧。

军训时的朗诵

高一新生到余杭长乐青少年素质教育基地军训。我事先向班里的学生和家长做了倡议:不带手机,每人带一本书。这个倡议很快得到全体同学和家长的响应。训练很辛苦,在高强度的训练之余,没有了玩手机的休闲方式,对于生活在手机时代的学生来说,他们能适应吗?我让他们准备一本书,学生们会在军训间隙用阅读来休闲吗?我惴惴不安!那天午间休息时间,我踱步到男生寝室。发现寝室门是掩着的,寝室外面很是喧闹,里面却静悄悄。我推门而入,眼前的一幕让我欣喜:古龙、周伟倚在床头人手一本《天龙八部》,读得津津有味。谈天盘腿床上,神态轻松,一边阅读一边窃笑。我走上去看了一下书名,《三重门》。再看学生陈枫、张文相两人竟然"勾肩搭背"坐在两只拉杆箱上共读《肖申克的救赎》,潘杰则很有姿态地站在窗口翻阅《皮囊》。于泽阳和胡飞或许阅读累了,用书遮住脸斜靠在床上打着盹。我掏出手机第一时间拍下了这美好的一瞬。记不得我是带着怎样的喜悦的微笑离开男生寝室的,我想,那一刻我一定也很美!接下来的几天,在午间休息的间隙,在晚上入寝前,我总能看到班级里的学生在一片喧闹声中,兀自安静地阅读。我想,这样的阅读风景也应该是世界上最美的风景吧?!

每逢军训,教官们总会在学生训练休息的间隙,让学生进行拉歌等娱乐表演。我班的钱教官也一样。他很热情地鼓动我班学生勇敢地站起来拉拉歌或者表演一个节目。但是,班里没有人应答,都只是低着头羞涩地笑。是难为情还是我班没有歌唱选手?不管怎样,眼见兄弟班热火朝天地唱啊跳的,书香班成为沉默的班级,总是显得那么格格不入。我突发奇想,我们书香班何不集体来个类似"沙场秋点兵"的宋词吟诵活动?在这充满阳刚和激情的军训场上,吟诵"铁板铜琶""大江东去"也是一种别样的豪迈吧。这样想着,越发觉得这主意不错,于是在征得了指导员和钱教官的同意后,我让学生跟着我一起复习背诵了辛弃疾的《破阵子·为陈同甫赋壮词以寄之》。学生很快就记熟了。在大家激情高歌的时候,军训场上飘出了铿锵有力、豪迈激昂的吟诗词声:

醉里挑灯看剑,梦回吹角连营。八百里分麾下炙,五十弦翻塞外声。沙场秋点兵。

马作的卢飞快,弓如霹雳弦惊。了却君王天下事,赢得生前身后名。可怜白发生!

学生吟诵得十分投入而有气势,吟出了豪迈,吟出了悲愤,吟出了词人心里的呐喊。穹顶之下,43个脸上流淌着汗水的高中学生,冲破云霄地齐声诵读,蔚为壮观!钱教官看见书香班学生"拿腔拿调""慷慨激昂"地吟诵的模样,深受感染,使劲地鼓起掌来。当然,我也非常有力地为我的书香班的学生鼓了掌!眼疾手快的指导员用相机拍下了这难忘而动人的一幕。时隔三年,每当想起这个场景,我总会竖起耳朵聆听,无穷无尽地深深地回味。

运动会上的对话

一年一度的运动会悄然而至。运动员在跑道上“敢为最先,不耻最后”,啦啦队员们的加油声此起彼伏。开赛半天,书香班收获颇丰。那天午餐过后,班里的学生或聊天或说笑或埋头玩手机。看着班里的祥和,我正想拿出一本书顾自阅读时,一名女学生走到我身边,轻声问:“陈老师,我下午要准备一下去杭州特色书店的交通路线,上次你在介绍的时候,我来不及记录下来,所以这时候想来问问你,后天我和同学一块去走走。”真好,我心里想着,便热情地推荐了五家书店:纯真年代书吧、西西弗书店、钟书阁、麦家理想谷、悦览树。秋假期间,中职学生要去书店走走,对书香班而言,这是多么宝贵的星星之火啊。世上风景处处有,绝美之处是书店。没有书店的城市,灵魂是苍白的;不爱读书的人,精神是贫瘠的。

这名女生刚离开,另一名女生拿着一本《读书闲谈》走了过来。“陈老师,我刚才读到一段文字,觉得他说得特别好,可能也是你想说的话,所以我想推荐给你。你可以在语文课上和同学们说说。和学习语文有关哦。”我拿过书一看,是一个大学生对高中时没学好语文的感想:“那几年好好听课、做笔记、背课文、背注释、做作业,成绩却时好时坏,心下认定语文是最没良心的一科,对她再好也是白瞎。现在才醒悟,其实是因为课外阅读不够,底子太薄。而且作为考试科目的语文不能代表语文,不是语文没良心,是语文本身被辜负了。”哈哈,真是个用心的好学生啊。这段话确实有用,它是证明课外阅读重要性的第一手资料啊。

地铁里的遇见

有一篇随笔对地铁里的风景做过这样的描述：五个人中往往有两个人在讲话，而另外三个人玩手机。地铁里的这一幕我们并不陌生。的确，在社会转型期间，我们似乎都离不开手机。星期天，我乘坐地铁去下沙高校探望朋友的女儿。地铁里人不算很多，地铁里最常见的风景照例是玩手机。大家各自低着头，一心一意地和手机交流：做生意、刷微信、玩游戏、发短信、打电话、听音乐、看小说。没有空余的位置，我只好站着。当我侧身拉住地铁扶手时，突然瞥见一个熟悉的身影，一条马尾，一件粉色的羊毛外套。身材瘦小的她竟然在手机的包围圈中捧着一本书专心地阅读。我睁大眼睛仔细一看，果真是班里的张艳（化名）。张艳是我班的阅读组长，学习成绩优秀。初中时只完整地阅读过《假如给我三天光明》。入高中后，可能因为担任阅读组长的原因，也可能因为受书香班的影响和熏陶，她成了班里读书量最大的学生之一。欣喜之余很想走过去和她打个招呼，可是我还是忍住了。我珍惜这样的风景，我欣赏这样的风景。这很了不起！要知道，在你的周围大家都在做着玩手机这件事情时，你的“另类”会招致别人不理解的目光。人很难不从众，尤其是十六七岁的中学生。我们虽然无数次地听过教导：人要保持独立思考，独立行走，不盲从，不随大流，但放眼周围世界，真正做到的又有几个？活在别人的眼光里，活在别人的评判里的人比比皆是。有一次和张艳闲聊，我谈起了这次相遇，张艳告诉我，那天她正在读我推荐的《阿甘正传》。

有位作家说:“好书是青春年少时的养料,是衰老迟暮时的抚慰,春风得意时为我们锦上添花,颓唐潦倒时给我们安慰庇护。在家时给我们带来快乐,出门时却不会成为累赘。陪我们度过沉沉黑夜和漫漫旅途,伴我们退隐乡间,悠游林下。”

但愿我的学生能在书的熏陶之下,变成浙大紫金港校区悬挂的那两句标语里的年轻人:“做一个明媚的女子,不倾国,不倾城,以优雅姿态去摸爬滚打!”“做一个丰盈的男子,不虚化,不浮躁,以先锋之姿去奋斗拼搏!”

做教师是幸福的，可以陪伴一个个活泼灵动的孩子，走过生命中最美的年华。

做教师是幸福的，可以携手一个个可亲可敬的家长，见证青春花朵最美的绽放。

叁

故事

书香师生

三年光阴，四方教室，朝朝暮暮，师生间早已彼此情深。青春宛如花开，一路芬芳，有时阳光明媚，有时又如雾霾迷离，忧郁迷茫。班主任是一盏灯，以微弱的光亮照亮孩子们前行的道路，同时也照亮班主任自己的整个世界。

成为自己喜欢的样子

不是每个人都能成为自己想要的样子，但每个人都可以努力成为自己想要的样子。

——题记

王燕（化名）是一个让我为之愁肠百结、爱"恨"交加的顽劣女生。据说，她是我们学校领导从招生市场挑选来的。她来自于杭州郊县某民办中学。学校向她敞开大门的理由很简单，她的中考成绩非常优秀。

后来，我又慢慢了解到：中考时，她顺利地考取了自己喜欢的民办高中，因为军训时仪容仪表不规范，被该校德育领导勒令回家反思，倔强的她从此拒绝去该校报到上学，并于休学在家八个月后，百无聊赖中通过网络认识了我校高三学生孙荣（化名），并且因为孙荣而报考了我校的电子商务专业。

王燕刚进学校，就呈现了和其他高一新生不同的面貌——无视规章制度，不服学校管理，我行我素，是一头牵着不走、赶着反退的犟驴。

那是开学第二天午餐过后，德育主任楼层巡视时，发现孙荣慌慌张张地从卫生间里跑出来一溜烟逃走了，凭直觉和经验判断，德育主任认为孙荣可能在卫生间里做了诸如抽烟一类违纪的事情。正想着让男老师走进去检查一下，突然瞥见王燕居然躲在男卫生间里。询问她为什么在男卫生间而且是六楼的男卫生间里，王燕一脸无辜且淡定地回答：“老师，我只是想到六楼来吹吹风，我们四楼教室有点闷。我走到六楼又想去卫生间小便，不过，我不小心走错了地方。”德育主任把她送到我这里，王燕满脸微笑，语气坚定而平和地坚持说自己走错了卫生间。后来，通过种种线索，我终于“破案”：王燕当天是在卫生间里和她高三的男朋友孙荣约会。也正是在那天放学后，我坐在回家的公交车上，看见了王燕在肯德基门口拐角处和孙荣勾肩搭背，搂搂抱抱。同车的乘客都露出了些许厌恶的神色。还有一男性乘客不屑地说：“职高生就是素质差，整天只知道谈情说爱，打死我也不把儿子送到职高去读书。”听得我感到脸上火辣辣的，内心一股羞愧、愤怒情不自禁地涌了上来。

第二天，我找了个机会，严肃地质问王燕：“昨天傍晚放学时，我在肯德基门店拐弯处看到了你和一个男同学了。”她先是微微一怔，接着用非常平静的语气对我说:“老师你看错了,那个人一定不是我。”说完,头也不回地离开了我的视线,我只好很无趣地走进了办公室“面壁思过”。

王燕还经常性地迟到。每次到校几乎都在8点15分左右。刚开始我找她谈,她总是信誓旦旦地说:“老师,我没有被学校记名,没有影响到班级五项竞赛考评,明天我一定准时到校。”但可是第二天又是外甥打灯笼——照旧(舅)。

有时候,我堵在教室门口等她想和她谈谈,她会说:“老师,我是学生,我来学校是来学习的,我想先听课,你总不能剥夺我受教育的权利吧!”我说:“权利和义务相辅相成,不迟到是学生的义务。违纪了接受老师的询问和教育也是学生的义务。”这个时候,王燕总是悻悻地说:“等下课吧。”可是,等到下课,她要么借口说要急着去上卫生间,在卫生间里磨蹭到上课铃响,然后装着很要学习的样子冲回教室好好学习,要么就是铃声一响就消失得无影无踪。王燕在教室里多半不学习,而是趴在桌子上呼呼大睡。

尽管如此,王燕的学习成绩却在班级里名列前茅,重点初中厚实的学习底子,让她在职高学习毫不费力,吃吃初中的老本还绰绰有余。

王燕还很泼辣。结业典礼那天,王燕没有来学校,我也没有收到任何请假的短信。退费的时候,同学翁敏(化名)和我说:“王燕去一家商场打工了,她委托我把成绩报告单和退还的学杂费带给她。”我一口回绝了,我的理由也很充分,钱虽然少,但钱财必须由学生本人签字亲自拿。其实,我心里真正想的是趁暑假期间,去王燕家家访一趟,与她和她父母做个坦诚沟通，顺便把钱交到她手上。

谁知，第二天一大早，她气势汹汹地来电话质问我为什么把她的钱扣下。还说，作为一个老师理应全心全意为学生服务，应该在第一时间把钱给学生，哪怕当时事情繁杂实在没时间，也应该在事后给她一个电话，征求一下她的意见，怎么把钱交到她手上。

我当即反唇相讥："学校结业典礼通知全校广播过，我也在全班同学面前叮嘱强调过，并且还用纸质的和电子的方式告知了你和你的家长，结业仪式没有特殊情况，必须人人参加。你明知要开结业典礼，还没有办任何请假手续，就自作主张前去打工，这是一种负责任的行为吗？不请假不参加结业典礼这是一种旷课行为。我必须执行学校的规章制度。钱的事情你大可放心，我不要你一分钱，我只是觉得我们现在师生关系似乎很糟糕，我想过几天去你家和你、你的爸爸妈妈坐下来一起做个交流，到时候，我把钱和素质报告单带给你。"

王燕在电话那头歇斯底里地大吼："我不要你来我家，我只想要回属于我的 180 元钱，我现在急需用钱，我自己乘公交车到你家来拿！我觉得你太不负责任了，连学生的 180 元钱也要扣下来。顺便告诉你，我是绝对不允许你来家访的，我爸爸妈妈答应你来也没有用，你要踏进我家，除非我死了。"

山重水复疑无路

和王燕交锋过几个回合，我意识到对她这样的学生，用批评、检讨、请家长、给处分这样的教育手段是达不到教育目的的。如果说借违纪之名，在学校的规章制度上用足脑筋，逼迫其自动退学不是说没有可能。但是，这就是教育吗？班主任的工作意义就是按照规章制度管住学生？为了帮助王燕，我冥思苦想频频出招，在教育王燕的道路上，我曾经陷入了“山重水复疑无路”的窘境。

第一招：制度惩戒下的胁迫

制度是秩序的保障。俗话说“没有规矩不成方圆”。“硬”就是硬管理——严密的规章制度、严格的班级纪律、严明的奖惩措施，但所有的一切在王燕那里都变成了废纸。王燕自己也经常打趣：死猪不怕开水烫。迟到依然，仪表随性，男女生交往任性，德育量化考核表上的积分时常倒扣。那些用来评价班级学生，评定各种先进的重要依据的“法典”，在王燕那里分文不值。这真是对规章制度的莫大的讽刺。幸亏我和班级同学早有约定，对王燕的教育管理是特区管理模式，只适用于王燕一人，班级的其他同学才不至于胆大妄为，藐视制度的严肃性。

一招不灵，我又模仿借鉴魏书生后进生管理妙招：犯错误时使用心理描写的表达方法写说明书，写有关犯错前、犯错中、犯错后的思考，旨在梳理犯错心路历程。其实对于王燕这样的学生，很多错误她是非常明白自己一步一步的心路历程的，很多时候她不是控制不住自己，而是从来没想过要自律，要反思，要改正。或许在跟学校规章制度的斗争中还能显示出她的存在感。穷尽制度，剩下的只有让王燕退学，但真的没有办法了吗？

第二招：“糖衣炮弹”的悲歌

既然来硬的不行，那就来软的吧。都说教育的利器是表扬夸奖。

我想到了糖衣炮弹。糖衣是指包在药物外面的一层甜味的薄膜。用糖衣裹着的炮弹比喻经过巧妙伪装使人乐于接受的进攻性手段。比如恭维，比如迁就，比如拉拢。

在教育王燕的道路上，我也身体力行。王燕长相甜美，我就夸她漂亮；王燕弹得一手好钢琴，美术绘画也有才能，我就夸她多才多艺……总之，但凡能拉得上边的优点我就死劲夸。

我天真地想，我都这么"喜欢"你和"赏识"你，你还好意思违反纪律吗？

王燕学习成绩优秀，思维敏捷，我就封她当个"学习干事"。学习干事不是班干部，不需要按选举程序来，但毕竟也是个班主任钦点的小干部，我想这样一来可以利用这职务把王燕的精力引到正事上去，二来这"干事"头衔或许可以激励她严格要求，努力向班干部学习委员进发。三来或许可以帮助她实现自我价值。

可是王燕在学习干事的岗位上干了一个星期便"昔日重现"，上课睡觉，下课嬉闹，作业拖拉，干事有名却不作为。有一次我郑重地找她谈话沟通，她嘴里却冷不丁蹦出一句："别拿什么干事来压我，我又不想当什么干事，当我三岁小孩啊，切。"

当时，我就有一种被偷窥般的羞辱感，那种尴尬无以言表。

我甚至还用上了从一位班主任同事那里得到的启示："屈尊"主动"宴请"王燕吃自助火锅。那天我借口有非常重要的事情找她商量，电话邀请她周六上午在某自助火锅城见面。王燕如约而来。我们边吃边聊，我醉翁之意不在酒，言谈之中总是充满了说教、灌输和胁迫。可想而知，聪明的王燕早就识破了我的“阴谋诡计”，只是碍于我的用心良苦勉强吃完了那顿“鸿门宴”。每每想起此，我都无地自容。

我的“糖衣炮弹进行曲”，最终以悲歌收尾。现在想来，我当时是多么的急功近利，我总期盼王燕在我廉价的表扬声中能华丽转身，我总是一厢情愿地认为沐浴在赏识雨露下的王燕能健康成长。我还以屈尊请客吃饭对王燕进行道德绑架，殊不知当表扬成了施舍，鼓励掺杂着虚伪，师生交往不再纯粹，一切教育行为就会和我们的初心背道而驰，离我们的教育目的愈行愈远，实际上这是对学生不尊重，也是对教育的伤害。

柳暗花明又一村

王燕软硬不吃，遭遇教育挫折的我开始痛定思痛。在反思中想起了一个故事。哲学家苏格拉底在草地上给弟子上最后一课，问:“如何除掉这些杂草?”弟子甲说:“用铲子铲。”乙说:“用火烧。”丙说:“撒上石灰。”丁说:“连根拔去。”苏格拉底说:“都试一下。如果没有除掉，一年后再来此相会。”一年后，弟子们都来了，苏格拉底没有来。但他的弟子看到满地茂盛的庄稼而无一根杂草，终于悟到了一个真理:欲无杂草，必须种上庄稼。

读罢故事我醍醐灌顶，立即调整了教育策略。

策略一:建立“特别行政区”

香港、澳门问题我们都用“一国两制”方针治理，以建立特别行政区的方式得到圆满解决。对王燕这样的学生我也想到了建立“特别行政区”。沉默或者“置之不理”，淡化对她迟到、偶尔化点不太出格的妆容的“过分关注”。做到这一点非常难，学校要考核，同事们要质疑我的管理能力和工作责任心，学生们可能要被同化。学校考核、同事们质疑只是暂时的，了解真相过后，他们一定会支持我的行动。即便不理解，我在重压之下仍然可以有自己的选择和坚持。我最在乎的是班级里的学生。

我想了想，首先找来班干部，问了他们三个很简单的问题：王燕同学经常迟到，我们上报学校给她一个处分，她就会改变了吗？“一粒老鼠屎坏了一锅粥”的确没错，但是“火大无湿柴”，为什么我们不能选择后者？是不是王燕被处分了，被开除了，大家的心态就平衡了，自己的学习成绩就上来了？接着，我很坦诚地对班干部说，我们有缘才和王燕走进同一个班，王燕不是一开始就是这样的，她是民办初中里 A 班的优秀生，钢琴、绘画、歌唱都有一定特长，珍惜在一起的日子最好的方式是给她一个相对宽容的改正空间，宽容、大气、与人为善是人最大的美德啊。

短暂的安静过后，班长、副班长响亮地说：“陈老师，我们懂了，我们支持你！”

策略二：积极对话，真诚陪伴

利用一切机会放下身段，走进王燕的思想心灵。发现王燕喜欢看书，尤其喜欢郭敬明的作品后，我迅速找来郭敬明写的两本书，在课余时间和她聊聊阅读，畅谈郭敬明；发现她性格上骨子里争强好胜，喜欢出风头，好表现（当然她也确实有一些才能），我就在同学质疑的眼光中让她代表班级参加学校元旦联欢会表演，担任体育运动会的班级引导员，全权负责班级大合唱事宜。

当王燕发现我是真正地欣赏她、相信她时，她感受到了我的爱。随之她心灵的大门也向我敞开，王燕有了很大的改变：和孙荣和平分手；基本上做到了不迟到，杜绝了旷课；亲子关系趋向和谐。

策略三：携手家长

王燕的父母为人忠厚善良，母亲还是某房地产企业的高级主管，但对王燕过于溺爱，导致家庭教育失序。一方面他们认识到自己教育出现问题，因而把希望寄托于学校教育；另一方面需要他们摆正家长的位置，积极配合学校的时候，他们又会不自觉无原则地被王燕牵着鼻子走。事实上，“他们是王燕，王燕才是他们的父母”。

甚至在第二次沟通的时候，我深深感受到他们缺乏最基本最起码的亲子关系知识与技能。我汲取了两次深刻的教训后，对王燕的家庭教育基本放弃了希望。但是在孤军奋战中，我还是给了王燕父母一些东西：那就是用实际行动展示有效的亲子沟通技巧，做学校教育传播正能量的媒介。王燕一有出色的表现，我一定会在第一时间电话告诉他们，给予他们当家长的自豪感和成就感。他们把这种喜悦会更快地用他们的方式传给王燕。得到了另一种方式的认可，王燕对学校教育慢慢地少了很多抵触，心也终于慢慢地平静下来。

成为自己喜欢的样子

其实，王燕是非常不喜欢电子商务专业的，在入学的两年时间里，她焦虑、失落、无助、迷茫。用旷课、夜不归宿、化妆、和老师对着干、和父母轮流做家长等方式沉沦自己。对于一个17岁的中职生而言，这确实有点残酷。

给人生一条健康的路，才能为梦想插上翅膀。王燕在被欣赏和信任的环境里，重新燃起了心中的理想：她想报考中国美院。和许多人一样，对王燕的决定我抱有怀疑的态度。韩寒退学专门写作，那是因为他有足够的写作才华，但韩寒毕竟是个个例。但是我最终还是坚定地站在了王燕一边。我去教导处打探求学升学路径，去德育处为她外出专业学习开辟考勤绿色通道。我想，青春年少的时光，谁没有梦想，谁没有追求，假如有机会能让自己在梦想的道路上奔跑，结果真的那么重要吗？

更何况，人生本来就没有所谓的绝对，最重要的是让王燕恢复对梦想、对事物本身的兴趣。退一步说，即便王燕考不上理想的艺术大学也不算什么，只要她保有自我选择的勇气，就有机会让自己不泯然众人。班主任要学会等待，等待王燕的生命里多一些悬念和意外的精彩。

当然，我没有对她的选择做评判和指导，只是很诚恳地告诉她艺术之路的艰辛和坚持的重要性。让她想明白自己真正喜欢的是什么，并且做好应有的一切心理准备，最后的选择权仍在她自己手上。

如果一个人能忠于自己的选择，并且按照自己的意愿生活着，努力着，那么这个人一定是幸福的。鲁迅先生曾言：走异路，逃异地，去寻求别样的人们。

就这样，王燕，带着17岁少女的梦想，高三那年转学美术学校。后来，她被美术学院录取。

虽然我失去了一个高职升学名额，但我知道我这样做是对的。教育是什么？教育就是关注生命的价值和意义。教师最大的成就是帮助学生成长为其想努力成为的那个样子。

孩子你慢慢来

学生陈科（化名），是让老师不断碰钉子的学生之一。初中时，陈科就以带领10多个同学拿马刀集体斗殴的事件“扬名全校”。按马克·吐温的说法，陈科就是“拿着锤子的壮汉，什么东西在他眼里都是钉子”，他脾气暴躁，软硬不吃，扰乱课堂，打架斗殴，旷课逃课，顽劣异常。甚至还有老师因为他而辞职了。

开学不到一个月，陈科的违纪故事就不断发生。那天数学课，陈科趴在桌子上呼呼大睡。数学老师趁讲课间隙踱到他身边，用手指轻轻地敲了敲他的桌子，示意陈科醒来认真听课。被吵醒的陈科竟然腾地从座位上站了起来，横着脸斜着眼睛，破口大骂。任课老师见陈科如此蛮横无理，便铁青了脸，厉声呵斥并想拽他到德育处。陈科凭借人高马大，抓住数学老师的手臂，死活不肯离开教室。于是两人互相吼叫着在教室推搡起来，班级顿时大乱。

学校二楼宣传墙上，新挂上了三位电子商务领域里精英的肖像图——马云、马化腾、李彦宏。白色的墙面，淡蓝色的文字框，以及相得益彰的创业事迹介绍，图文并茂，庄重雅致。可就是这样一个美丽文雅的地方，陈科竟用水笔给马化腾增添了福尔摩斯式的两撇胡子。整面宣传墙因此“毁容”。

陈科爸爸还和我讲了一个关于手机的故事。晚上10点30分，陈科临睡前仍然坐在床头玩手机。妈妈走进房间多次劝阻，陈科都置之不理。妈妈终于忍无可忍，走到床边伸手将其手机打落在地，并当着陈科的面使劲将手机往地板上砸。陈科心疼手机，还担心手机里的游戏数据丢失，从床上一跃而起，和妈妈演绎了夺手机大战。在抢夺手机的过程中，陈科将妈妈强行按压在地板上，爸爸赶来看到这一幕，一边将妻子从儿子手底下扶起来，一边愤怒地扬起手打了儿子一个耳光，陈科疯狂大叫：“你们打人是犯法的！你打死我吧！打死我你们得去坐大牢！”

对于陈科这样的学生，我曾对其抱怨过、生气过，幸好，还没对其绝望过。我不相信他本质上是坏人，是一块扶不上墙的烂泥巴。他变成这样固然有他的个体成因、家庭教育的原因，同时也有学校的原因和社会的原因。我内心始终有个信念：他毕竟还是个孩子。教育的使命就是影响、改变和唤醒。孩子身上有了灰尘和污点，我们失望痛苦，但是教书育人是我们的使命。我们可以准备好清水，以自己健全的心态去洗净孩子的眼睛。学生是星星，总得有人去擦亮星星。

很喜欢希尔弗斯坦的那首诗《总得有人去擦亮星星》：

总得有人去擦亮星星，
它们看起来有些昏暗，
总得有人去擦亮星星，
八哥、海鸥和老鹰都抱怨，
那些星星已老旧而锈蚀。
想换新的我们买不起，
所以请准备好你的抹布
和你的打蜡罐，
总得有人去擦亮星星。

你的微笑犹如星光

想要改变陈科很难，但是办法总比困难多。付出真心，学会等待，永远是教育的最动听的乐章。为了擦亮陈科这颗星星，我捧着一颗爱的红心，踩着心理健康教育的轮子，穷尽了教育策略：严防死守，苦口婆心，大棒教育，温柔感化，友情召唤。

虽然屡战屡败，但我不抛弃、不放弃，依然屡败屡战。有时候被他气得跳脚，有时心灰意冷之下想甩手不管，但是最终我仍然还是那个守住初心、孜孜不倦地在教育园地里辛勤耕耘的班主任。

陈科还是出事了。那天中午，篮球场上"厮杀"正兴。我班落后2分，陈科如一头焦躁的雄狮不停地在场上乱喊乱叫。关键时刻，同学小俊（化名）不幸投篮未中，而这个篮球是陈科历尽艰险抢来传给小俊的。陈科气急败坏地唾骂，小俊愤怒地回应。陈科随即咆哮，边说边冲上去重重地踢了小俊后背一脚，小俊随即面朝下摔倒在地，头上起了个大包。陈科被德育处给予严重警告处分。

年级组长把陈科带到我这里的时候，他两眼斜视，满脸不服，双腿还在不停抖动，似乎用这种方式向我宣战。接着，他就如发怒的狮子在办公室里嘶吼。我没有迎着他的暴戾和他对峙，我淡然地看他，任由他在办公室里狂野，默然地听他一大堆没有逻辑、毫无道理的混账话。

我的办公桌上静静地躺着一份保证书。其中有一条是这样写的："如果我再次违反纪律，动手打人，我就自动退学，我以一个男子汉的名义保证。"这还是上周，陈科在违纪后当着他爸爸的面写下来的。当时的他做保证时语言是多么的激情豪迈，态度是多么的恭敬虔诚，保证书仿佛现在还在热气腾腾地冒着悔改之火呢。对于陈科这样的孩子，这份保证书显然不是我的尚方宝剑。

如果严格按照学校规矩，按照我和他君子协定执行的话，陈科在开学第一周就被退学了。看着这张没有办法兑现的保证书，我除了使劲想着此时如何应对这一点外，别无选择。

或许是陈科发泄得累了，他开始沉默了，并且耷拉着脑袋，表情十分沮丧，眼睛时不时地在我脸上扫描。

这样的孩子，在十七八岁这样的年龄阶段，宽容是他们的生命辅助器。但是不管怎样，犯错必须接受惩罚。我冷冷地说："我很累，心太累，我想回家休息了。"

然后，我示意陈科爸爸带着陈科回家。其实我知道，自己是用这种冷处理的方式在和陈科打一个赌。

果然，晚上10点，我收到陈科的忏悔短信："陈老师，我错了，我没管理好自己的情绪，没遵守自己的诺言，我给班级抹黑，给你抹黑，给自己抹黑，对不起。希望你再给我一次机会。"

我赢了，我暗暗高兴。在故意晾他30分钟后，我给陈科回了一条短信："今天的事，我很受伤，也为你难过。你拳头向外打出去的同时，也在向内砸伤自己。好在你已认识到自己的错误，老师愿意帮你，我再给你两次机会。"陈科很快回了短信："老师，谢谢你，谢谢你，我们全家谢谢你。"

第二天陈科一大早来到了学校，只是他没有忙着进教室，而是在教室走廊外等待我的到来。看见我时，摸摸后脑勺，表情羞涩地问："老师，你为什么要给我两次机会啊？其实你只要给我一次机会就够了。真的没有下次了，真的没有下次了，我愿意向全班保证。"

看着他一脸的真诚，我轻轻地说了一句："我相信你的决心，只是冲动是魔鬼，谁都有头脑发热钻牛角尖的时候，所以我给你两次机会。"陈科微红了脸，涩涩地笑了。看着这样灿烂的笑容呈现在陈科脸上，我顿觉充满了希望和力量。孩子，你的微笑宛如星光。

孩子你慢慢来

马卡连柯三巴掌拍醒学生的故事广为流传。故事是这样的：有一次马卡连柯叫工学团一个团员去砍柴给厨房用，谁知这个团员竟挑衅似的拒绝了。马卡连柯忍无可忍，举手打了该团员三下耳光。而恰恰是这三下耳光，彻底地改变了该团员的人生，使他走向光明的未来。当头棒喝、“立地成佛”的教育故事还在不断上演，可并不是所有的教育故事都是这样的。陈科这类学生显然不适合三巴掌教育，否者他爸爸自己早就教育好了。对陈科而言，慢是他成长的节奏，慢是适合他的最好的教育。我在慢中等待，他在慢中成长。

陈科入选了学校排球队。因为要参加市里高中生运动比赛，训练常常是起早摸黑，非常辛苦。无论刮风下雨，陈科从来没有旷课缺席。对于陈科来说，这种转变难能可贵。

周六教室被借用为自学考试考场，教室里桌椅显得很凌乱。是陈科在周一特意起了个大早，赶到教室把班级里的桌子凳子摆放得整整齐齐。他还做好事不留姓名，再三叮嘱早到的同学不张扬。从狂妄自大、以自我为中心到心系班级、关心他人，这是一种跨越。

陈科数学成绩照例很烂，英语对他来说依旧是天书，但是在课堂上他保持安静，没有再去干扰老师上课，干扰同学听课，有时还拿出一本文学名著顾自阅读。陈科语文成绩一枝独秀，作文写得真情实感，古诗词背得很快，演讲声情并茂。所以，最有意思的是，陈科总是时不时问我：“陈老师，什么时候语文考试？”

当然陈科还是小错不断：骂人，理怪发，上课胡乱插嘴，体育课装病躲在小卖部角落大口大口吃零食，学校集会时发出怪叫……只是，当他有这些行为的时候，只要我一个眼神，任课老师一句善意的提醒，他就吐吐舌头摸摸后脑勺说一句：“不好意思，我错了。”

就这样，陈科在改正和犯错中拧巴着前行，在前进和倒退中曲折地把自己一点一点推向光明。

高二分流时,陈科选择了就业,在一家物流公司企划部实习。每次实习走访的时候,我总能在公司听到表扬他的声音:脑子活络,金点子不断,偶尔跑腿,时常干重活。

2016 年 7 月陈科顺利毕业,9 月 1 日他成了澳大利亚留学生中的一员。

唤醒生命

特级教师王君说:“所谓人文关怀,其实就是在任何情况下,教师都不能丧失对学生身上向完美的人性成长的内驱力的坚信。教师相信学生在成长,也必然成长。教师还感到在这个过程中自己的成长。教师如果用工业社会追求高效率的度量方法去测度学生,那么,他会因为指标过高看不到学生的些微进步,忽略某些学生内在的人性成长。工业化让我们变得粗糙,感觉粗疏,情感粗鄙,粗就粗在对他人人性的忽视。”

作为教师,其实我们人人都是王阳明。

走廊上的卫士

自从越过 40 岁,我在班主任工作中极少对学生发火。这不是因为我没有了教育的激情，而是长期班主任工作的经验积累和训练，对学生在成长道路上的曲折和慢生长有了一份超然和从容。

可是，那天我还是发火了，甚至还敲拍了桌子。全班鸦默雀静。遭我痛批的张宇（化名）虽然理屈词穷，无言以对，但是不服之气仍旧充溢全身。他就那么仰着高傲的脑袋，用不屈的眼神注视着我。师生之间剑拔弩张。

下午第一节课上课铃声响起，是计算机课，我示意学生去计算机房上课，但我必须留下这个和我对峙的学生张宇。我必须趁热打铁将这个暴戾、不讲理的"臭小子"那种嚣张之气压下去，必须让他在班级规章制度前服气，必须对自己的言行担负责任。张宇最终心悦诚服，表示要痛改前非。见学生认错知改，我也见好就收，毕竟教育的最终目的是让学生明辨是非中认识自己，发现自己。我决定让张宇去电脑机房上课。

可是，当我打开了教室门时，我陡然发现斌斌（化名）正以迅雷不及掩耳之势快速向三楼方向逃跑。我心中狐疑："这小子为什么不去上课躲在教室门口鬼鬼祟祟？"我得弄个明白。我叫住了斌斌。他耷拉着脑袋用颇为羞愧的神色看着我，支支吾吾地说："老师，我从来没有见你发过这么大的火，张宇同学脾气又很暴躁，我怕你们两个打起来。"

听了斌斌的诉说，我想笑但是更想哭。

不自信的孩子

不得不说说斌斌，我最可爱的学生之一。斌斌是个俊朗的男生，皮肤白皙，气质儒雅，思想深刻，他就往那一站，绝对是玉树临风美男子一个。斌斌是书香班的“大众情人”——学习好，脾气好，仪表好，品行好。

可是高一时的斌斌却总是没有自信：上课答疑从不主动，各类竞赛从不主动报名，站上讲台汗流浃背。我曾经花了很长时间对斌斌的“为什么不自信”做认真的观察、了解和思考。发现最根本的原因是缺乏成功的体验。教育其实从来和高深莫测没有关系，它其实就是唤醒，是鼓舞，是激发。

中学生拥有健全的人格，拥有自信非常重要。对教师而言，帮助学生其实就是要帮助学生提取成长基因。我拿什么来拯救斌斌的自信呢？我想最重要的是得创造一个机遇让他有内在的动力。学生从什么地方获得内在动力呢？是一次比赛？一次成功的体验？甚至仅仅是阅读一本书？

歌手的眼泪

机会终于来了。学校里要进行校园歌手比赛。文艺委员在班里忙着组织动员报名。我从斌斌的眼神里捕捉到了犹豫却夹带着期盼的目光。

斌斌歌唱得不错，这是班级同学偶然间从音乐课上发现而向我打的“小报告”。我转身到办公室给斌斌的妈妈打了个电话，从斌斌妈妈嘴里，证实了同学的说法。午间休息时刻，我邀请斌斌到操场散步。我开门见山地提出要斌斌和班里的另外两个男同学，用小组合唱的形式代表班级参赛的请求。

刚开始，斌斌几乎带着哭腔用哀求的语气说：“陈老师，我不会。”

“你不是不会，是不敢。你歌唱得很棒，我早已耳闻，你总不能永远让自己淹埋在沉默寡言中吧，你要勇敢地在校园歌手大赛中发出自己的声音。这是你高中时代青春岁月的书香足迹。”我鼓励斌斌。

第二天，斌斌在我下课后，尾随我来到办公室。“陈老师，我胆子小，我怕一上台就紧张得发不出声音。还有我很担心，我怕获不了奖，不能给班级增光。”斌斌弱弱地说。

“《士兵突击》里的许三多就是从那333个腹部绕杆开始，激发了自己的能量，书写了自己的传奇。对你来说，这或许是一场转折。还有，你也知道在咱们书香班，任何一次比赛，分数成绩从来不是第一的。丰富人生体验，展示青春的激情才是我们关注的重点。所以，你‘进可以攻，退可以守’，站在舞台中央就是胜利和超越。”我真诚而动情地说。

斌斌微笑着，如释重负地走出了我的办公室。

我想，光靠煽情和说理说服斌斌参赛，显然不是我的教育的出发点，对于斌斌而言，找回自我，树立自信才是终极目标。所谓霸气来源于自信，自信来源于实力，实力来源于一次次成功的积累。不为金牌参赛，但应该为努力、为超越而战。所以，接下来的重点就是督促其刻苦练习，争创佳绩了。

斌斌很勤奋，每天放学主动留下来跟着伴奏音乐反复练唱，筷子兄弟的《父亲》旋律在暮色苍茫的校园里久久回荡。在家里，斌斌还依照我的建议天天对着镜子练习，丰富表情，矫正姿势；让爸爸妈妈当观众，以锻炼自己的胆量；一遍一遍反复翻看筷子兄弟演唱会的视频，认真揣摩，逼真模仿。我还利用午间一刻和周五班会课时间，让斌斌等三人当着全班同学的面彩排。就这样,经过系统的脱敏式训练,斌斌的紧张感日益减弱。比赛终于如约而至。那天正巧我外出开会,等赶回学校来到比赛现场时,比赛刚好结束。班级的同学兴奋地告诉我,斌斌唱得非常深情,双眼紧闭,身体后仰,话筒倾斜,十足的歌星范。他演唱时,全场掌声也是最热烈的。评委同事对我说:"你们班的白T恤歌手,好投入啊,完全是无我境地,好棒。"哈哈,听到这些,我也好感动!

回到教室,我静静地等待斌斌的到来。等了好久,同学却告诉我:斌斌躲在阶梯教室旁的墙角边哭。我心里一惊,连忙跑过去。斌斌脸上挂着泪水,看见我朝他奔跑过来,抹了抹眼泪,微笑着对我说:"陈老师,我从小到大从来没有上过台,从来没有参加过比赛,站在台上,我紧张得几乎窒息了,我怕自己没唱好,对不起班级,也怕自己撑不住倒下去。还好,我最终挺住了。老师,谢谢你鼓励我,给了我机会。"

一切宛如梦中,又像是电影中的情节,可是它却真实地发生了,就在此时,就在我和斌斌身上!我泪眼婆娑,我知道,这是成功的眼泪、激动的眼泪、欢欣的眼泪、感恩的眼泪啊,那一刻,我真想紧紧地拥抱斌斌。

走一步,再走一步。人一旦在某件事情上尝到了甜头,便会不可遏制地想努力再努力。自校园歌手比赛之后,斌斌变了。杭州电视台来采访时,面对电视镜头,他落落大方,侃侃而谈;市里来学校挑选"城隍山——我和世界拥抱"快闪活动队员,他积极报名;学校经典诗词吟诵比赛,斌斌和同学一起,以过硬的朗诵水准,凭借王蒙的《青春万岁》一诗一举夺得二等奖。

所谓唤醒生命，其实就是激发学生成长的驱动力。面对挑战，斌斌已经学会自动自发而不是依赖我的引导和灌输。人们常说“从0到1的距离，大于从1到1000的距离”。通过斌斌的故事，我深深地懂得：在教育这件事情上，1和1000其实是比邻而居。

让心理援助在“任其挣扎”中开出最美的花

小雯（化名）是个文静内向的女生，平时跟同学交流较少。课余喜欢上网聊天。某日，一个据称是“乖乖虎”的28岁男性网友加她为好友。小雯觉得和他很聊得来，一来二去，就把“乖乖虎”当成了无话不聊的好朋友。

一天，“乖乖虎”发来一段湖南女孩冯仰妍的破处视频（冯仰妍，“破处门”的主角，是一名自称属于“90后”的女孩，因为她所在的湖南某高中都比较崇尚非主流，而且认为处女或处男没有资格当非主流。所以冯仰妍就自己花钱找了个男的把自己破了！还录下了整个过程，并将这段视频发到了某视频网站上）。小雯看了视频唏嘘不已。她在内心觉得自己好孤陋寡闻。

那一夜小雯辗转反侧。从此，小雯经常留意怎么才能让自己性感妩媚起来，怎么才能博得心仪男生的青睐，怎么让自己非主流起来。她向“乖乖虎”求教。“乖乖虎”果然很“仗义”，时不时地给小雯发一些极度夸张的暴露照片。甚至有几回还发来性爱照片和视频。小雯刚开始面红耳赤地看完，每次看完似乎总有种怪怪的强烈冲动。她自己也说不太清楚。大概过了半年，“乖乖虎”在网上对小雯说，要和她见个面，吃个饭。做网友那么久了，想面聊一次，而且自己已经有美丽的妻子和可爱的女儿，绝对没有非分之想，只是单纯地见个面吃个饭。

小雯答应了。那天，她从城东辗转坐了好几趟公交车赶到城西。从没坐过这么长时间车的小雯，一下公交车就感觉头疼得厉害。“乖乖虎”很体贴地询问小雯，是不是需要找个地方先休息一下，然后再出去玩。小雯看这“乖乖虎”一脸的诚恳，就答应了。谁知道“乖乖虎”把小雯带到某小旅馆开了个房间后，转身就关死了房门，一把把小雯抱到了床上。任凭小雯怎么挣扎，“乖乖虎”还是强暴了她。

小雯终于看清了“乖乖虎”的真面目，可是已经迟了。小雯失魂落魄地向“乖乖虎”要了 30 块钱去药店买了紧急避孕药，回到家就删除了“乖乖虎”的手机号和 QQ，删之前还给“乖乖虎”发了一条短信，希望从此两人不要再见面。“乖乖虎”却发来一条短信：“如果你不和我见面，我就去你们学校找你！”没想到，“乖乖虎”的妻子竟然把电话打到了学校德育处，说是他们从湖南来到杭州打工，夫妻关系一直很好，可是，小雯道德败坏，当第三者破坏他们的美满家庭，要学校开除小雯并且还要小雯退还开房间和买避孕药的 150 块钱。

德育主任第一时间叫来班主任我和学生小雯，于是事情终于真相大白。德育主任当机立断做了妥善的处理。可是，我还是感到小雯内心承载的巨大压力。果然，在心理辅导室，小雯说出了这样一句话："陈老师，我做人的面子和尊严也没有了，自己不再纯洁，如果被我爸爸妈妈知道了，他们肯定会打死我的。我还不如自己早早一死了之。"

心理援助

案例中的小雯是网络性文明缺失的受害者。从一个单纯的女孩到强暴的受害者，其心理的创伤、背负的压力可想而知。如果不及时进行专业的心理治疗和干预，可能一个花季生命就此消失。

心理援助第一步：建立关系、取得信任

这是心理危机干预的前提。好在我是小雯信任的班主任，我给她泡了一杯奶茶，用柔和的语言和共情给予了小雯最真诚的接纳。

心理援助第二步：鼓励倾诉、宣泄情绪

为了避免单刀直入询问可能对小雯造成的二次伤害，我采用"迂回询问"、积极暗示鼓励的手法，引导小雯诉说她的伤痛，目的是为了让她宣泄情绪。我不时地积极回应小雯的情绪反应，适时递送纸巾，等等。

心理援助第三步：调整认知、恢复自信

小雯和很多求助者一样，在意识上有一个误区，会认为自己之前是一个"纯洁的女生"，现在已经被奸污了，不再纯洁而且已经声名狼藉，没有脸面见父母、见同学、见朋友了。而且认为一部分原因是自己情商低，挡不住诱惑，因此自罪、自责，认为被强奸都是自己的错。我语气坚定地告诉她："其实被人强暴不是你的错，并不影响大家对'清纯女生'的评价。而且去自杀是最愚蠢的，你不能为别人的错误买单。过去的已经过去了……”

心理援助第四步:强化辅导效果

小雯情绪已经好转,表情不再凝重,语言开始增多,继续交流的意愿明显,这一切都表明她认为自己已经被接纳、被尊重。这时候我给她做了一个放松练习(腹式呼吸)。小雯走出辅导室的肢体语言、表情都告诉我,她已经放松了很多。我随即转身给她父亲打了个电话,简单讲述了事情经过,并且再三叮嘱在小雯回家后,不要责备打骂她,要亲密陪伴,注意观察。第二天一大早来学校找我,当面做个交流。

心理援助第五步:整合社会支持系统

遇到强奸不可怕,可怕的是传统的势力会让受害人失去亲情、友情和爱情。为了给小雯提供一个良好的社会支持系统,以利于小雯的生理和心理康复,我对小雯父母进行辅导。辅导的内容为:

(1)事情过去了,由法律解决还是自己处理,本着对小雯成长有利的原则由全家人自行决定。建议去电信公司更换手机号码,停止旧号码使用,告知小雯放学上学路上万一遇到“乖乖虎”纠缠的应急处理方法。千万不要把“仇恨”压在心底,不要为已经过去了的事情伤害自己的心灵和身体。

(2)千万不要对自己的孩子进行打骂和指责。一个“健康、活着”的孩子比什么都重要。

(3)决定情绪的不是“强奸事件”,而是你们对这个事件的看法。孩子已经受伤,你们不能再在孩子的伤口撒盐。所以要学会忘记已经发生的事情。

(4)孩子处在应激状态,爸妈的作用最重要。请给孩子更多的接纳和安慰。

反思及发展性辅导

小雯的经历让人感慨。从道德和法律层面上来说,“乖乖虎”十恶不赦,理应遭受社会的谴责和法律的惩罚。但是,从过程来看,其实小雯是具有受骗上当的心理土壤的。有这样一个故事,说的是一只毛毛虫在羽化成蝶的过程中,他的主人不忍看其苦苦挣扎了一天,忍不住在最后时刻用剪刀替蛹壳把皮剪开了,然而,之后这只蝴蝶一直在战栗着,直到死也没有飞起来。后来他请教了专家,专家这样告诉他:“在蜕变的过程中,蛹的抖动是将翅膀多余的水分抖出来,这样才能飞翔,你帮着它把皮剪掉,它翅膀里乃至身体里的水分太多,就无法飞翔了。”对于小雯,爱她就得想办法帮助她将身体里多余的水分抖出来。这些多余的水分是什么呢?

第一,现年龄段的小雯处在向往异性的时期,对性懵懂好奇,“乖乖虎”的出现,以及和小雯在网络中的亲密朋友关系其实是小雯性心理需要的一种反应。当这个心理土壤与一定的外界条件相结合,就衍生出让人心酸的故事来。

第二,小雯思想不成熟,心地善良单纯,容易轻信人,而又缺乏主见。“乖乖虎”常常花言巧语,让她听得如痴如醉,在不知不觉中陷入了“乖乖虎”设置的圈套。

当然,除了以上两点,网络性文明教育的确失,没有安全防范意识也是造成悲剧事件的重要因素。网络传播黄色视频和性爱照片是一种违法犯罪行为。"乖乖虎"三番五次地发送黄色信息,小雯却沉醉其中,不能自拔。小雯离开家,与陌生的"乖乖虎"约会,没有告知家人和同学好友。"乖乖虎"提出要去开房间休息,也没有引起小雯的警觉。

危机过去,班主任对小雯的关注是不是就此可以结束了呢?当然没有,整个事件暴露出,小雯的青春期自我认识、青春期性健康都存在一定的缺陷和不足。所以,重要的是让她在创伤过后能阳光健康地面对未来。我从网上买了一本《男生讨好你是有企图的》送给了小雯。暑假期间我还向她推荐了《藏在书包里的玫瑰》这本书,算是给她在青春期性健康教育的补偿性教育。此外,我还借种种机会,让小雯融入同学交往中,给她安排了图书管理员助理的职位,给她调整了离优秀男生近一点的座位,尽可能鼓励她参加学校、班级的一切活动。慢慢地,小雯的性格开朗了起来,眼界开阔了起来,与同学交流丰富了起来。此后,小雯情绪状态前后一致,学习成绩平稳。

两千年后的魏徵

说起边班长,让我甚感得意,得意她的聪明能干,得意她的干练果敢,得意她的品学兼优。班级里有这么一个领袖型魅力班长,班主任工作真是如虎添翼。书香班的班长还特有书香气质:写得一手好作文,拥有一张演讲嘴,带有一颗仁爱心。提笔写边班长,文思泉涌,特选载三件记忆中难忘的小事,容我缓缓道来。

两千年后的魏徵

边班长性情耿直,心口如一,对我的班主任工作很是欣赏,因为有了师生间的良好感情基础,班长和班主任配合默契。我不在班里,边班长就是班主任。学校的通知要求、表格数据统计、活动的参与策划等,几乎都是边班长一手落实,我从不干预。我总是想但凡边班长能做的,我就放手让她做;暂时还完成不了的,我就带着她,让她学着做;经过耳濡目染,潜移默化,她的处事风格里也有我的影子。边班长的耿直也像我,提意见时,毫不留情,一针见血。

没想到,我成了她第一个批评对象。"陈老师,我想和你提个不中听的意见,我想请你以后不要把你买了多少书、读了几本书,挂在嘴边。"

说句实话,边班长提的这个意见让我觉得有点莫名其妙:建设书香班是我的班主任工作的轴心。提升智力不就是应该读书么?学习越困难,就越是应该阅读啊,情绪情感、自控能力、恒心、意志力,以及规则、包容等意识,可都来自于阅读呢。怎么我张嘴谈阅读在班长眼里成了不好的习惯?

我好奇地向边班长索要答案。边班长淡淡地说:"你买书我们全班都知道,你经常把买书的钱 200 元、300 元的给我们班语文课代表,还有从网上买的书，你也经常在教室当着我们的面拆阅；家校通上你几乎言必书香，我们心里都知道你爱书爱阅读也身体力行，可是听多了耳朵就容易起茧，我们表示厌烦；既然大家都知道你爱书，也看到了你买书读书非常积极，那么你嘴里再表达出来就显得是在标榜自己，给自己脸上故意贴金了，'高调做事，低调做人'，你经常教育我们的，我觉得你是在'高调做事，也在高调做人'；还有，我们班级的阅读状况在你的带领下大有改观，但是改变有个过程，有几个男生本来从不读书，现在他们被你逼得也会读一本书了，这就是进步。不读书他们心里多少是有点自卑的，你老说自己阅读多少多少书，就是在讥讽他们读书少，哪壶不开提哪壶，你这是招人嫌。"

刚开始，我觉得冤，但经过快速思考，我脸上开始微微发热了。这是尴尬、难堪，像是被人说中了秘密的羞涩。尽管我的出发点是想激起学生的学习热情，是想着榜样的无穷力量，殊不知，在引导教育过程中，不知不觉地把火候和等待抛弃了。边班长的犀利批评，让我幡然醒悟。我想起了唐朝历史上著名的宰相魏徵。边班长像极了魏徵。这让我多少感到自豪和荣耀。

自从有了"魏徵"班长的这次劝谏，我读书依然激情，只是我从此再没有在学生面前得瑟、标榜和显摆了。

成年人阅读是一件私人的事情，让未成年人爱上阅读，需要老师用心思考。让学生爱上阅读不需要大肆张扬自己读了多少书，其实最根本的是带领学生们读书，和他们共读一些书，多一些共读的对话，多一些共读的思考。

抹着眼泪疾言厉色

边班长带着全班同学的祝福和爱意被校团委选送到日本去观摩学习。作为感恩回报，她在日本精心挑选，带回来一大盒带有动漫图案的糖果。征得我同意之后，打算在周二午自修前，在全班同学到齐后郑重地分发给班里的每一个同学。

班里的三个男生知道了边班长抽屉里的美食，趁其走出教室的间隙，竟然不管不顾地偷吃了大半盒糖果。回到教室的边班长目睹心爱的礼物糖果惨遭偷窃，一改往日的泼辣劲，沉默着趴在桌子上伤心落泪。同学到我办公室替班长鸣不平，让我去处理这件事情，我快步走到教室，看到的却是这样一幕：偷吃糖果的三位男生像被批斗的罪犯，低着头站成一排，他们仨在认真地听取边班长一边抹眼泪一边疾言厉色的控诉："你们是男人吗？女生的糖果也要偷吃，有本事现在就飞到日本去给我买回来！告诉你，我跑断了双腿就是为了给全班同学一个惊喜，现在倒好，半盒糖果怎么分？全体女生吃，你们男生看，请你们三个当着全班同学的面解释说明。不是我小气不给我班的男生吃，是你们几个太不像男人了，偷偷摸摸、鬼鬼祟祟偷吃女同学的糖果。简直可气可笑可恨！"

午自修铃声响起，全班女生嘻嘻哈哈地享用糖果，男生有的埋怨；有的想笑又不敢笑，摆出古怪的表情，傻坐在位置上；有的假装在做作业，一副事不关己的高姿态。再看那三个"始作俑者"，一直知趣地趴在桌子上一声不吭。哈哈，边班长厉害。

还有一次，班里一名男生偷偷把教室里的时钟拨快 15 分钟，然后带领 10 多个男生，大摇大摆地在离下午第一节上课还有 20 分钟的时候奔向电脑机房。他们的目的只是想早点到机房蹭冷空调。

边班长知道这一恶作剧后，二话不说，冲到电脑教室一个一个把躲在里面的 16 个男生喊回了教室。男生嬉皮笑脸地去，散漫地回来，坐在教室"身在曹营心在汉"，讲话声仍不绝于耳。边班长指着男生鼻子，大喝一声："安静点，再吵就请你出去！"有个男生回击："我为什么要听你的？你是谁啊？有什么了不起？"

边班长颜色顿变，一边横眉怒指，一边潸然落泪。一分钟的短暂对视之后，边班长发飙怒吼："我是边妤婷，是这个班的班长，提醒你是让你注意遵守纪律，我了不起还是不了不起不是由你说了算，我在执行班级公务，你就得听我的，赶紧闭嘴。"见边班长花容失色，义正词严，这个男生一时间像泄气的皮球，耷拉着脑袋无言以对，只好默默地坐在座位上。

这两件事情，一时间撼动了全班，同时也飞快传遍了学校，边班长"名声大噪"。

心宽体胖智商高

边班长身高 163，体重 116 斤。青春期女生几乎都梦想有纤细的长腿，杨柳小蛮腰，还有就是像影视剧明星那种不那么健康的体重。边班长也不例外，她自嘲是个胖子，QQ 签名总是宣誓减肥的雄心壮志，可是不管怎么努力，"肥"还是减不下来。因此，男生总是拿她体型调侃，一方面表示对边班长的亲近，另一方面也拿她的"软肋"刺激她，如果能引起边班长的勃然大怒，或许他们心里产生的不是难过而是一种淡淡的喜悦。到底边班长只要在教室那么一站，教室里便会安静许多。

"人口文化节"上我班朗诵节目《书香〈论语〉》获得好评。校长室指定我班的这个节目要在全校元旦文艺会演上展演。几经策划和修改，我决定挑选一位男生和一位女生进行《论语》领读。

男同学中的领读人物是班里的陈大才子，众望所归，毫无悬念地被大家推选为朗诵男一号。女同学该选谁呢？没有女同学自告奋勇报名。大家正在沉默之时，突然班里的一名男生说："让班长上去吧，班长心宽体胖智商高，她绝对可以代表班里的颜值。"话音刚落，全班男生使劲鼓掌。"心宽体胖颜值高"的总结词在教室里盘旋不止。客观地说，这名男生说的这句话虽然听上去有点别扭，但是我了解他，他确实没有恶意，没有揶揄之意。只是不管怎么说，这样调侃的方式多少显得唐突，没有礼貌。我刚想批评这名男生表达不当，边班长涨红了脸腾地从座位上站了起来："不就是朗诵吗？我参加就是了，不过我想我更愿意和你单挑，比一比谁读得更好些，只有有实力有自信的人才配得上对别人说三道四。"毕竟还有自知之明，这名男生听边班长这么一说，早红着脸不敢吭声了。边班长果然厉害，演出展演那天，我班的《书香〈论语〉》获得巨大成功。当然其中的亮点之一就是边班长的朗读声情并茂，且特别有古人的雅致之美。

"我最喜爱的一本书"演讲比赛如约而至。选拔参赛同学时，大家又一致把目光投向了边班长。"怎么又选我啊？"边班长有点嗔怪地说。

“心宽体胖智商高，女神。”哈哈，教室里充满了快活的气氛，边班长笑了，我也笑了。可爱大气的边班长！果然不出所料，在参赛的众多选手中，边班长脱颖而出，获得学校首届“我最喜爱的一本书”演讲比赛一等奖。

边班长没有特别强的手腕，也没有过人的智慧，但是她在哭鼻子的弱小和工作的磅礴大气之间游刃有余，真实坦荡，从不矫揉造作。并且她学习总是那么努力而成绩优秀，工作总是那么用心而尽责。遇到边班长真是我的幸福。

王国维先生曾用三句诗阐述人生的三境界：第一境是"昨夜西风凋碧树，独上高楼，望尽天涯路"；第二境是"衣带渐宽终不悔，为伊消得人憔悴"；第三境是"众里寻他千百度，蓦然回首，那人却在灯火阑珊处"。在我看来，这也是班主任工作的三个境界。同事们常说，要当好班主任其实要带好两个班，一个是学生班，一个是家长班。我想，如果没有家长群体，班主任工作的第三境界就只能是个传说了。

我和家长的故事

向左走，向右走

家长当中，喜欢比较的不是少数。他们爱拿自己孩子与亲友家的比较，比较项目总离不开学习成绩（主要是学业成绩）；他们全然不顾中等职业学校的教学特点和孩子学习基础、学习情绪，总是在一厢情愿的比较中弄伤自己、弄伤孩子。

学生小鲍（化名），出身知识分子家庭，父母均为大学学历。父亲在政府部门任职，母亲是企业部门负责人。小鲍和父母亲子关系恶劣，尤其对母亲特别反感，背后常常诅咒母亲早点改嫁。高一第一学期家长会，小鲍父母都没有出现。电话询问，小鲍爸爸说是在外地出差，小鲍妈妈说是身体不好。电话言辞间我总觉得有一个声音附在耳边对我说：这不是事实。

小鲍妈妈还是来校访了。一见面，小鲍妈妈就一脸歉意地说："陈老师，我家小鲍真的不争气，读书成绩那么差，还一天到晚给你惹是非。在家里我打也打了，骂也骂了，他就是不知悔改。对他的教育，我都有点绝望了。这几天他又惹事了吧，真是不好意思啊，给你添麻烦了。"我笑着回应："难道非得孩子惹是非，家长才到学校里来？难道老师在家长面前不能说表扬孩子的话？"小鲍妈妈忍不住笑了起来。"其实，小鲍这段时间表现挺好的。我们班的元旦文艺会演节目《皇帝的新装》得了全校一等奖，小鲍不仅是编剧而且还负责舞美设计呢，台词、服装、道具都是他一手操办的。"

我给小鲍妈妈播放了《皇帝的新装》视频。她看得很认真，笑靥如花，边看边说："这都是老师指导得好，老师有水平。"过了一会儿，我话锋一转，向她坦言道："小鲍不是一点问题都没有。就像你刚才说的那样，他的确惹了不少是非，虽然大事不犯，但小错不断。从我跟他的谈话中我得知，他认为你们对他要求过高，所以不喜欢和你们交流，经常顶撞你们。事实是这样吗？"

"是的，我都不知道怎么和你说。看看别人家孩子和父母的和谐关系，想想我们和小鲍，真是窝火啊。很多事情，我希望他能向左走，可是他却偏偏向右走，处处和我对着干，犟驴。"她说，"我有两个脾气十分温和的姐姐，做事慢条斯理。她们几乎不怎么管孩子的，但她们的孩子一个考上了浙江大学，一个考上了上海大学。就我们家的小鲍，唉，你不知道我为他的教育流过多少眼泪。”

“你想过成为你姐姐吗？”我问。

“想过，但不可能。”

“为什么？”我追问。

“她是她，我是我。”她回答道，甚至质疑我问出这样的问题。

“对啊，每个人都是他（她）自己。我们不能变成别人，也变不了别人的。恕我直言，你变不成你姐姐，你觉得小鲍就能变得了你姐姐的孩子吗？”

小鲍妈妈沉默不语。

她可能没有发现，自己的儿子拥有不错的电脑技能。如果小鲍有继续求学深造的信念，并且踏实勤勉、奋发向上，那么考进高职、就读本科是非常有希望的事。

“我觉得能就读名校固然欣喜，但找到适合自己、能让自己发挥特长的学校，同样让人自豪啊。”我对她说，“我觉得，你们母子俩没有根本性的冲突，最大的问题是你不切实际地想让你儿子变成你姐姐的儿子。其实你儿子是像极了你，你不想变成你姐姐，你儿子当然不想变成他表哥了。你想让你家小鲍改变，也不是完全没有可能，这取决于你。”鲍妈妈抬起头，用期待的眼神看着我问：“怎么改变？”

“改变你自己，降低对小鲍的期望值，不拿小鲍和表哥们比，多激励少指责，多陪伴少干预。”

“说说容易，做起来好像很难。”

“是呀，这世界太不靠谱，但我们能做到的是把自己变得靠谱。我们不相信自己还能相信谁呢?”小鲍妈妈再次沉默了。

接下来的谈话就顺畅多了。我和小鲍妈妈聊得很投机，一会儿欢笑一会儿思考，一会儿批评一会儿质疑。因为达成了“不要和别的孩子比较”的共识，我们在帮助小鲍的教育方法上达成了一致。最后我以“教不严，师之惰”作结。小鲍妈妈离开前一个劲地说：“谢谢老师的指导，谢谢老师的爱心。我们以后一定注意教育方式方法，否则对不住你了。”

在职业学校，学习成绩是由学习成绩和劳动技能两部分组成的。一个客观现状是，很多孩子因为中考成绩没能挤上普通高中分数线而读职业学校。拿孩子的弱势和别人的优点比较，在比较中只会让孩子惭愧并且自卑。父母对孩子只有责骂和批评，亲子关系恶劣也是必然的事情。

我们要在和家长的对话中，帮助家长厘清职业教育内涵，放眼孩子的明天，学会正确处理亲子关系，并且摒弃横向比较，重视和自己比的纵向成长。唯有如此，孩子才能比出自信，比出和谐。

先抑后扬是一种对话

因为实习管理，我和脾气暴、火气大的陈炜(化名)爸爸有过一次让我记忆深刻的交流。

学生陈炜，在某大酒店实习门童工作。由于不满领班排班时间，他在酒店大厅当众撕扯领班衣领，被酒店开除并退回学校。

办公室里就能听到陈爸爸的声音从走廊那头传来："什么狗屁酒店，我要去找他们总经理去。我儿子是去实习的，不是给他们做牛做马的。"

我把陈炜爸爸请进了办公室。他一边落座一边絮叨："要我儿子晚上11点半下班，这个点下班连回家的公交车都没了。领班脑子有毛病，一个30多岁的东北小伙子打我17岁的儿子，我是不能接受的，他们酒店占了便宜还要开除我儿子，我是咽不下这口气的。老子不相信他们，我要去理论。如果他们把我儿子开除退回学校，我绝对不答应……"我微笑着没有打断陈爸爸的话，耐心地等他把话说完。等他情绪得到宣泄，就到了我对话的时候了。我给他泡了一杯茶，他也回了我一个微笑和谢谢。

首先，我跟他介绍学校和酒店的协议，让他相信酒店开除陈炜肯定事出有因，并且学校会跟酒店交涉。事实上，学校和酒店的协议是，除非犯了很大的过错，一般不能随便开除实习生。实习生值夜班要征得学生和家长的同意。

"陈炜爸爸，谢谢你信任我，来学校找我。孩子在酒店发生了不愉快的事情，现在我们最需要做的就是坐下来，搞清楚事情的来龙去脉，心平气和地讨论商量下，该怎么解决这件事情。不过，事情的真相到底是什么，我们也得听听酒店的说法。"陈炜爸爸竖起了耳朵。

接着，我把自己从酒店那里了解到的情况一五一十地告诉了他。

原来，陈炜实习满三个月，已经完全能胜任酒店的门童工作。按照酒店规定，三个月要重新排工作时间表，领班觉得陈炜同学工作已得心应手，而且家住杭州市区，上下班较为方便，加上酒店近期生意火爆，所以想安排他上一天晚班，也就是上班到晚上 11 点 30 分。但这也绝对不强迫，想听听陈炜同学的意见。

那天，领班拿着草拟的工作时间安排表去找陈炜，但陈炜一听要上夜班就在大厅里怒吼起来。血气方刚的领班见实习生不给自己面子，就指着陈炜同学的鼻子说了句："我是领班，我安排你这样就这样。不同意就滚。"

要是被酒店开除，小陈要接受学校处分，从而影响毕业。陈同学感觉受到了焦急与侮辱，就一把抓住领班的衣领，朝他怒吼。领班挣脱了小陈，把他推拉到保安休息室。

听完了我的表达，陈炜爸爸语气缓和了不少。"老师，不瞒你说，我儿子确实也不好，自己先动手抓领班衣领，这是不对的，应该让领班把话说完，即使领班一定要让你值夜班，也应该把情况告诉老师，再做决定。"他露出愧疚的神色。

我立即严肃地指出了陈炜的错误："处理问题充满暴戾之气，非但自己的诉求得不到解决，还损害了自己和学校的声誉，得不偿失。今后对自己的违纪行为一定要有深刻的认识。至于学校的最后处理意见，要虚心接受，勇于改过，学校是教育的地方，惩罚不是目的。在家里，你要和陈炜说说要学会控制自己的情绪，学会合理有效解决问题的方法。""对对。"他连声道。

接着，我坦诚地指出，家庭是孩子终身学习的地方，父母是孩子永不毕业的班主任，家庭教育说到底是父母的自我修行。你是什么，孩子就是什么，所以我们当家长的平时也应该多多注意自己的言行。我的话，暗含了对他刚才鲁莽冲动言行的批评。

陈炜爸爸微笑着点了点头。

语文写作上有一种写法叫“先扬后抑”。和家长沟通孩子的教育，尤其是面对孩子的问题时，用“先扬后抑”的方法最可取。在实事求是的基础上，先肯定家长、孩子正确、合理的一面，再指出其不当、错误的一面，给予建议和批评。这样的对话才能直指人心。

女儿是“招商银行”

家长们性格特征和行事风格各不相同：有人儒雅，有人固执，有人平和，有人暴躁……因此，对话家长的方式方法也要因人而异。有时候，也会遇见奇葩的家长。面对这样的家长怎么办呢？我的答案是用狠招。

女生小秦（化名）热衷于抹口红、粘假睫毛，喜欢穿成社会青年的模样，但就不爱学习。有一天，我给小秦妈妈打了电话，希望她给予必要的家庭教育的配合，帮助小秦建立更全面的审美观。

没想到，我的一番劝告遭到秦妈妈反唇相讥。“你们学校管得太多，教育理念太落后。看看国外的学生多开放，穿着打扮谈情说爱学校根本不管。女儿就是‘招商银行’，读不读书不要紧，长得漂亮找个好老公就可以了。”

我被她的话惊得咋舌。这原来是网上流传的两句玩笑话，儿子就是“建设银行”，意思是父母生了儿子后就要努力打拼，为儿子未来做准备，因为儿子娶老婆要花大钱比如买房买车，比如婚宴礼金，等等。女儿就是“招商银行”，意思是父母生了女儿后可以安心养着，女儿将来能为自己招来女婿，女婿会心甘情愿送钱给自己的女儿花。但也仅仅是玩笑而已，把儿女婚姻的幸福寄托在金钱上，本身不可取，更何况钱不一定带来幸福。

遇到这样的家长，不能生闷气暗自较劲，要以直截了当、开门见山的方式进行对话，这样才可能拨动她的心弦。

我淡淡地说：“是啊，漂亮是上帝给的礼物，也是生活的资本。但是，如果女人仅靠漂亮生活，其幸福指数不一定会高。这种事例不胜枚举。婚姻是一种双向选择，我爱上你，你也得爱上我，很多时候，美貌仅仅是‘爱上’的一个点、气质、礼仪、教养、学识才是择偶的根本。”

我告诉她，小秦有权利选择她想过的生活，但是学校有规矩，所有学生都得遵守。“你不愿意遵守当然可以退学或者选择一所能随意着装的学校。我只是给你提个建议，仅供参考。”

第二天，我收到了一条来自小秦妈妈的短信，语言很简单：“陈老师，昨天是我不好，谢谢你！”

“招商银行”的故事刚结束，我又接到一个家长打来的电话，说是孩子晚上 10 点还没回家。

事情是这样的。由于父母整天忙碌，学生小飞（化名）被送到奶奶家寄宿。晚上九点多时，小飞告诉妈妈说在奶奶家完成作业了，想要回家住。但小飞父母两人都要出差去，就拒绝了小飞的请求。小飞很不高兴，向妈妈抛下一句“那我就既不回来住也不住奶奶家”，就离家出走了。

“小飞他不在他奶奶家，也没有去学校。我怎么也联系不上他，我该怎么办？”小飞妈妈在电话那头焦急地问。

我回复说，得先想办法把小飞找回家。

“那我找到后怎么教育他？”她又问道。

“我现在还不知道究竟发生了什么问题，小飞心里是怎么想的，所以得先找到小飞再决定。”没等我说完，小飞妈妈就失望并恶狠狠地在电话那头说：“我觉得你这个老师水平真差，还说是杭州有名气的心理健康老师呢。你不应该当老师，你应该去工厂当普通的工人。”然后，挂了电话。

这显然是个有边缘人格的家长，缺乏自省，控制欲很强。她根本不在乎小飞，她在乎的是小飞要听她的话。对于这种家长，得学会用非常态方式对付她。

过了几分钟后，我拨通了她的电话。我向她表达了几层意思：小飞来我班还不到一个月，非常感谢她信任我，把小飞的情况告诉我；我理解她的心情但不同意她的说辞；如果需要，我可以帮着找找；孩子找回来后，我想请她认真地想一想：小飞为什么会不听妈妈的话？你在乎小飞的感受还是在乎家长说话的分量？父母把小飞送到奶奶家是推卸了自己的教育责任还是真的为了小飞好？

后来，小飞终于找回来了。经过了解，小飞离家出走的部分原因正是小飞妈妈。小飞妈妈是家里的“女王”，脾气大、气势大，家里内外小事大事都由她说一不二。在这种强势而且自我的母亲熏陶教育下，小飞过得很压抑，于是想离家出走透透气。

在家长会上，我以“亲子沟通”为话题开设了家庭教育微讲座。讲座的侧重点自然落在了“家庭教育的民主”上。家长会结束后，小飞妈妈特地走到我面前说了句：“陈老师你今天讲得太好了，我学到很多东西，我们做家长确实要放低身姿多倾听、多学习，家长一定要懂得一点心理学知识啊。”

我欣慰地笑了。

我不是坏小孩

学生小马（化名）是班里的“颜值担当”，身高1米83，萨克斯、手风琴、吉他等样样出彩，还打得一手漂亮的羽毛球，被同学誉为“羽坛王子”。但小马规则意识淡漠，人际交往常常以自我为中心，争强好胜，脾气急躁，好冲动。尽管如此，小马仍不失为一个可爱的男孩子。在家庭教育和学校教育交流的几个回合中，小马的成长曲线图耐人寻味。

第一回合　小树林里的恫吓

体育文化节即将来临。小马每天勤学苦练，准备在比赛场上一举夺下羽毛球单打冠军。那天，不吃午饭，小马就和同学一起急匆匆地往体艺馆赶，目的很简单，想先抢到场地，为自己赢得训练的机会。可是和小马有一样目的，气喘吁吁奔跑而来的小周（化名）和小马同时站到了羽毛球场上。小周也是学校里的羽毛球高手，他俩谁也不肯让谁，小周和小马就这么僵持着。来训练或观看羽毛球的人越来越多，已经有同学开始议论起来了,小马气冲冲地先行离开了训练场。临走时,小马要小周放学后再见。放学后,小马请了四个初中的同学,在小区门口的小树林里对小周进行了推搡、辱骂和恫吓。小马自己却躲进一家咖啡馆坐镇指挥。等我和年级组长把这一切全部调查清楚之后,我拨通了小马爸爸的手机,简单地说明了情况,小马爸爸在电话那边骂着脏话,还讲出"让他跳到河里死死掉算了"这样的话。想想小马父子,我想到了遗传的力量。

20 分钟后,小马爸爸开着豪车赶到了学校。小周诉说了被恫吓、推搡的经过,小马供认不讳。我对小马爸爸传达了学校的处理意见,学校要给予小马警告处分,希望小马爸爸配合学校教育。没想到小马爸爸一听说我要处分小马,抡起手掌转身就扇了小马一个耳光,并且狠狠地对小马说了"没脑子的东西,这种事情都做得出来,把他的脸都丢尽了"之类的话。等情绪发泄完了,小马爸爸对我说:"陈老师,我家小马确实做错了事情,我也教训过他了,我想提个意见,能不能不要给我家小马处分,再说我们小马叫来的同学只是吓了吓小周,没有对他身体进行伤害。小周和我儿子抢场地也是不对的。"我沉着地对小马爸爸表明了学校的态度:第一,小周虽然没有伤皮毛,但小马叫同学恫吓这件事情本身,性质很恶劣,情节很严重。聚众滋事,公开挑衅,对他人进行人格侮辱,这样的严重事件如果我们不及时给予必要的教育,这是我们老师家长的失责。第二,给小马处分就是为了让小马汲取这个教训,痛则改,改则进。处分不是我们的目的,等小马表现好了,再申请撤销。第三,其实我们都要反思,小马的冲动情绪是怎么来的,家庭和学校教育又能帮他做点什么。当然，可能我作为班主任，教育工作做得还不够，可能我们家长平时太少关注孩子的情绪状况了。

小马爸爸听我这么一说，感觉吃了软钉子一般自觉无趣。可是我在他脸上看到了不满。

第二回合 垃圾学校

那天早自习，小马用发胶把自己的头发理成了冲冠的“森林头”，大摇大摆地走进了教室。班里的同学见到他的模样，不禁哄堂大笑。我走到他身边，严肃提醒他趁早自习还没开始，赶紧到盥洗池去洗掉发胶，处理一下发型。小马一反常态，当场就沉下脸嘟囔：“就我们班不能使用发胶，管得真多。换个发型这么烦，真无聊。”我冷静地看了他一眼，淡淡地说：“喷发胶、整怪发是不能把自己培养成有个性的书香学子的，学校有仪容仪表方面的明确的规章制度，这是我们要遵守的规矩，请遵守。”小马非常不情愿地沉着脸，走出了教室。

过了一会儿，小马拿着他的手机对我说要请假回家，家里有事，具体让他爸爸对我讲。我接过了手机：“陈老师，让我儿子回来吧，他说这所垃圾学校他不想读了，他要转校。”语气中满满的不屑。我一听，觉得可气又可笑：“我们学校是不是垃圾学校不是由小马说了算的。再说当初谁也没强迫他进我们学校吧。小马脾气又上来了，回家你先问问他发生了什么，先和他沟通一下吧，明天我再找他谈。”小马爸爸一言不发地挂断了电话。

第三回合 不要去澳洲

大约又过了半个月，我正走在放学回家的路上，小马爸爸打来了电话："陈老师，你帮我劝劝小马转学到澳洲去吧，他很听你的话的。我觉得读个职高实在没有出息，他读职高让我这个老总在员工面前很没面子。"

一时间我竟然有种想骂他一顿的冲动，垃圾学校原来是你这个老爸冠名的啊。但我终究还是忍住了，坦诚地说："去不去澳洲读书这件事情我不能劝，你们全家自己决定。但我可以旁敲侧击帮你问问他为什么不愿去澳洲。"

第二天适逢时事点评课，我找了个答疑的机会巧妙地要来了小马不愿意去澳洲读书的答案。原来小马不想去澳洲学习是因为姐姐在澳洲读书很无聊，没有朋友，没有知己，觉得是在混日子。他不想步姐姐后尘。

小马爸爸一听便着急地问我接下来他该怎么办。我告诉他："转学要慎重，要根据孩子的具体情况，一切以是否有利于孩子健康成长为前提，比起孩子的健康成长，我们家长所谓的脸面实在不算什么，何况职业学校也不是垃圾学校，职业学校的孩子有出息的多了去了。"

我依旧没有也不能给小马爸爸答案，或者说我只能给了他我的思考。

尾声　马爸爸的眼泪

小马最终没有去澳洲。经历真是笔财富，小马在感悟中成长进步得很快，特别是情绪的管理较之以前进步了很多。学校里举行心理剧大赛，小马主演《我不是个坏小孩》中的鹏鹏。其惟妙惟肖几近逼真的表演，活灵活现地把鹏鹏的心理活动用肢体语言表达出来。《我不是坏小孩》获得一等奖。演出让小马“名声大噪”，但最主要的是小马通过饰演鹏鹏，对自己的心路历程有了一个清晰深刻的反思和回顾，他在体验和反思中学会了管理自己的情绪。期中考试过后，家长会来临了。小马在网页制作大赛夺得二等奖，电脑小报一等奖，学习成绩总分班级排名从21名进步到第6名，年级排名23名。参考2016年学校电子商务专业本科录取21个的成绩，小马可以说是进入大学本科的希望之星。

当听到我表扬着小马的进步、列举马爸爸家校协作时，这位老总父亲竟然当众喜极而泣！

教师节那天，我收到了马爸爸放在传达室里的一大束鲜花，祝福贴上写着：“陈老师，你是我见过的最优秀的老师，我敬佩你！教师节快乐。”

一竹筐鸡蛋

在我班主任工作生涯中，我也遇到过喜欢请客送礼的家长。

学生阿华（化名）的家长为了孩子，想让我帮一个忙，打听到我的住处直接跑到了我家里，拎着大包小包的礼品走进门，并且还包了一个红包硬要塞给我；学生小洁（化名）家长想让小洁选上三好学生，买了一套话剧套票想送给我……

不过，这些都被我拒绝了。我拒绝得很干脆，因为师生感情简单纯粹。收礼会让我于心不安，再说我绝对不会因为收了家长的礼物而偏爱某个孩子，也不会因为没有收过家长的礼而对某个孩子不管不顾。我收了你的礼，不是让师生间的美好变得复杂了吗？退一万步说，礼尚往来是礼仪,你今天送我,明天我必须绞尽脑汁买礼物还你人情,你这不是难为我吗?

如此坦诚的对话、果敢的态度,家长都会知难而退的。

和家长打交道时,班主任要努力维护正常的师生关系。收家长的礼在事实上造成了师生关系的异化,是对教育的亵渎。另外,从人际心理学这个角度来说,建立在利益需求基础上的师生关系是不健康也不牢固的,唯有正常的情感互动才能历久弥新。

可是,有一次,我盛情难却,我收了学生家长的礼。

那是开完家长会后的第三天,我接到航航(化名)爸爸的电话,说是开家长会时,看到我脸色有点苍白,比起一个月前他来学校给儿子送身份证看到我时明显瘦弱了很多。接着他以无比兴奋的语气告诉我,他为我准备了一份很适合我的礼物。他打算第二天下午来学校一趟。我还没来得及和他说希望他不要来之类的话,航航爸爸就挂断了电话。第二天航航爸爸果然如他所说非常准时地出现在了我办公室。只是我看到他那时的尊容,实在忍不住扑哧笑了起来。航航爸爸是浙江省某高职院校的数学老师,皮肤黝黑,身材胖且魁梧,他从一楼爬楼梯到我五楼办公室时,累得已是满头大汗且气喘吁吁了。他的手上提着一个方形的小竹筐。见到我时,开口说的第一句话就是:“陈老师,我昨天去了一趟老家,陪着妈妈跑遍了整个村子,挨家挨户为你精挑细选了68个本鸡蛋,给你补补身子。”说着他提着篮子,小心翼翼地揭去了盖在竹篮最上面的一块簇新的厚实毛巾,喜滋滋地对我说:“你看这些鸡蛋都不大,头有点尖,蛋壳上还带着血丝呢。都是我们村的人自己养的正宗的本鸡蛋，补补虚弱的身体最好了。”接下来，航航爸爸从西装袋里掏出一张 A4 纸，递给我，指着上面用钢笔字工工整整写的本鸡蛋的几种吃法：

> 煮鸡蛋：冷水下锅，慢火加温，水开后小火煮三分钟。停火取出鸡蛋再清水浸泡五分钟，用这种方法煮出来的本鸡蛋鲜嫩，蛋黄不老，而且容易消化。煮荷包蛋：水煮沸后，打入鸡蛋，用小火煨熟，加几颗红枣、枸杞。鸡蛋羹：这种荷包蛋补血养颜……

对各种吃法，航航爸爸如数家珍，一一耐心细致解释。对于从来不进厨房且不懂营养学的我来说，航航爸爸的解释说明，听得我有点云里雾里，但却感觉到一股暖流涌上了心头，眼里也开始有点发涩，我真的太感动太感动了。这样的礼品，我实在无力抗拒！后来，我家人按照航航爸爸开的营养处方，每天变着花样烧给我吃，今天水煮，明天荷包蛋，后天鸡蛋羹，我一天一只本鸡蛋，连续 68 天美美地享用。

逝者如斯夫！航航毕业已多年，可是我脑海里却常常浮现航航爸爸穿着西装，提着方竹筐，汗涔涔地向我耐心传授本鸡蛋的几种吃法的情景。一年又一年，每每想起，心生满满的感恩。

外婆家的布丁和妈妈化妆团

学校秀酷节如期而至。书香班全体同学将登上市体育馆的舞台，深情吟诵《书香〈论语〉》。对书香班的43个学生来说，青春年华，能有这种舞台的经历和体验本身就已经十分的美好。在欣喜之余，我很快想到了43名学生的化妆问题。是啊，舞台那么大，灯光那么炫目，诗歌那么美好，此时青春的脸庞分外需要胭脂、粉饼、口红的涂抹啊。不得不承认，在化妆方面我一无所知，是个不折不扣的外行。我很快想到了书香班的家长们！每个孩子背后都站立着一个伟大的母亲哪。于是第一时间发了条家校通短信，请求妈妈们的支援。刚发出短信，小妮妈妈、小毅妈妈就打来了电话。于是我赶紧又发了条短信，告知其他妈妈书香班化妆妈妈已经额满。有了妈妈们的鼎力支持，我和孩子们一起欢呼雀跃起来。第二天，三九寒冬，早上7点15分，书香班候场区，妈妈们早早都赶到了。出乎我意料的是，小妮妈妈竟然带了三位某化妆品牌的专业化妆师。描眉、扑粉、抹胭脂、涂口红，专业速度，专业技巧，专业服务。难能可贵的是，小妮妈妈、小毅妈妈一边帮着孩子们化妆一边还和羞于化妆的个别男生进行了温馨对话和坦诚交流。小毅妈妈拉着想逃避化妆的男生俊俊（化名），微笑着幽默地劝说："你长得这么帅，不化妆上舞台会把你变得很丑很丑，那些漂亮的女同学再也不会崇拜你啦！"哈哈，简直是绝妙的青春健康教育大师啊。小妮妈妈对羞答答的小斐（化名）说："舞台上就是要化浓妆，因为舞台上灯光强烈，不化浓妆脸色就会煞白；舞台上不是生活中，很浓的化妆才能突出你标致的五官。"小妮妈妈的师父更是温婉鼓励着胆小的文文（化名）："你的汉服这么鲜艳，如果不化浓妆根本压不住汉服的美丽。"那朴素真挚的语言让孩子们放松了心情，个个喜笑颜开。当43个孩子站立舞台，立体、精致、自然的妆容，非常和谐地折射出了书香班的精神光彩。那天书香班的孩子们真的特别特别美，吟诵美，青春美，服饰美，书香美。当然，毫无疑问，我和书香班的孩子们心里会永远保存着一份妈妈们的化妆美!

一年一度的贸易节即将拉开帷幕。班里的孩子们为了贸易节真可谓激情四射，热情如火。反复讨论微店商品，不断交流营销方案，多次商议广告策划。否定，肯定，采纳，推翻，如此反反复复，不厌其烦。商议讨论一周后，班级微店“集客船长”终于尘埃落定。网上商城主打商品是外贸休闲文艺袜，休闲旅行文化伞，经典阅读小说书。线下现场交易除了微店主打商品外，还加上了外婆的布丁。小钰向我解释说“外婆布丁”是她妈妈的主意。她妈妈认为贸易节当天，同学们在“买买买”的商品里肯定也包括“吃吃吃”的商品。妈妈已经让她已经做过市场调查，同学都喜欢吃布丁的，而且外婆和妈妈做布丁手艺不错。虽然制作工序有点繁杂和辛苦，但是为了班级，为了满足同学的口福，她妈妈和外婆都非常愿意辛勤付出。面对这样可爱的学生，这样优秀的家长，我还能说什么呢？后来我辗转从同学的口中得知，为了这 200 杯布丁，小钰的妈妈特意和同事交换调整上班时间，专门跑到菜市场精挑细选布丁原材料，贸易节前天晚上，她又连同小钰外婆两个人制作到晚上 11 点半。第二天一大早，又从冰箱里取出布丁，用两个泡沫箱存放，并且在箱子里存放三大块冰块保证布丁的口感。小钰爸爸向公司请好假开车把布丁送到学校。为了果冻布丁，小钰全家上阵啊！贸易节当天，我们班级的摊位前人头攒动，文艺雨伞，休闲棉袜销售火爆。更蔚为风景的是，200 杯金灿灿的柠檬布丁几乎在 30 分钟内被“哄抢一空”。

闲暇时,我总是会深情注视柠檬黄的“外婆布丁”和专注于化妆的妈妈们的照片,那种家校间的情谊让我感慨。是啊,可怜天下父母心,在帮助孩子这件事情上,没有一个家长是不愿意为自己的孩子和孩子的班级付出的,关键是我们老师有没有给家长们出力的平台、携手学校教育的机会!

家长会上的微讲座

家长会在家校合作中的地位十分突出。多数家长是借助家长会对班主任有了感性和理性认识的。家长会怎么开?班主任们往往“八仙过海,各显神通”,有的采用学生主持的主题班会式,有的是师生汇报演出慰问式,还有的是家长孩子共同参与的亲子互动式等。

我当了近 20 年的班主任,无论是小学、中学还是职业高中,家长会的形式基本上采用的是最普通、最传统的形式——集体会议+个别交流式。

我所带领的班级,每次家长会的到会率几乎是百分之百。这不是因为我在形式上有多创新,或者在内容上有精辟而独到的见解,而是因为我始终坚持一个原则:让每一个来开会的家长有所得有所思。家长会不是考试成绩发布会,也不是各种活动的展示会。

爱孩子是父母的本能。很多时候，家长的问题不是不爱孩子，而是不知道怎么爱孩子。孩子在学校生活中暴露的问题，一定程度上也反映出家庭教育的问题。教师作为家庭教育的指导者，应该抓住家长会的契机，让家长会成为一个家庭教育交流的平台。

例如，利用家长会开个 15 至 20 分钟的家庭教育微讲座，重点给方法、给态度、给影响，并结合学生的年龄特点、学段目标，让家庭教育讲座有序化。高中三年共有六个学期，除去实习或高职复习的高三，其余的四个学期的家长会都可以采取这样的形式。

下面，我以自己的亲身实践具体说一说。我根据学段年龄层的共性问题，设计了四个专题性家庭教育微讲座：高一上学期的“相信未来”；高一下学期的“爱上阅读”；高二上学期的“藏在书包里的玫瑰”；高二下学期“学会沟通，真诚交流”。

家长会微讲座（一） 相信未来

由于社会的偏见、“学而优则仕”的传统思想浸染，以及对中职教育缺乏科学正确的认识，中职学生家长或多或少都存在一定的消极自卑心理。很多家长认为孩子就读职业学校是件面子上不太光彩的事情，在亲朋好友、同事同学面前低人一等，矮人一截。面对别人的询问，家长们总是遮遮掩掩，支支吾吾，生怕说出自己孩子上了职业高中受到别人的嘲笑和歧视。

那天，杭州电视台来学校拍“关于中学生学习压力”的访谈纪录片。班里三个学生被挑选了去。访谈视频很快播出了，我看得很认真。因为我知道这是学生们真实而具体的言说。

学生阿勇(化名)说,他考上了自己喜欢的电子商务专业,很开心,只是爸爸妈妈觉得他读了个职高,让他们在亲戚朋友面前不太有面子。

学生小洁(化名)说:中考考砸了,“被迫”来职高,但经过三个月的学习,发现职高挺适合自己的。她还成了学校铜管乐队的队员,被选为学校学生会的卫生干事,作文也获了奖,她在职高找到了自己,发现了自己,生活过得开心而充实。可是妈妈经常会给自己泼冷水:“读个职高还有什么好神气的?!”每当这个时候,说不出的沮丧都会感油然而生。

学生小炜(化名)说:他热爱学校,热爱书香班,每天过得很快乐。只是妈妈面对亲戚朋友的询问,总是很没底气,弱弱地说:“唉,我家小炜读的是职高。”听妈妈那语气,好像我犯了很大的错。

说实在的,这三个孩子都不错:阿勇大气宽容,阳光开朗;小洁文静踏实,班干部工作极其出色,考取高职名校一直是她的目标;小炜是班里的文艺才子,萨克斯管吹得棒,电影评论写得溜,并且乐于助人。三位同学都对自己的明天充满希望,可是他们的爸爸妈妈却对自己的孩子充满了普高梦壮志难酬的长吁短叹。

父母的自卑心理会直接、间接影响学生的自信心和成功的激情,这对中职学生的健康成长非常不利。其实职业学校有自己明确的定位:培养中高级实用型技术人才。现代社会需要越来越多的技术型人才。普通高中相对更重视理论学习,职业学校更重视专业技能的培养。电子商务、商品经营、跨境外贸就是我校的三大“拳头”专业,“两条腿走路”的办学方针往往是职业高中的特色:想升学的升学,想就业的就业,不勉强不阻拦,选择自由,评价客观。随着国家对职业学校教育的投入和支持,本科及更高学历也已经向中职学生开放。2015 年我校仅电子商务专业,被本科录取的就有 15 人。2016 年电子商务专业本科录取人数上升至 21 人。这些事实的背后其实都有大道理、大理念。现在普高大学升学率从表面上看已经很高,但是仔细分析你会发现那些名校、名专业对学生的文化课学业水准要求也很高。中职生文化课基础薄弱,如果就读普通高中,他们面临的压力可想而知。心理学告诉我们,一个人只有在相信明天、相信自己有未来的前提下才能激发生命的能量、热爱生活、努力学习。于是我决定把"携手学校教育,树立自信,相信未来"这一思考纳入高中第一次家长会。

家校合作,努力寻找激励的机会,给家长们鼓劲其实就是给孩子们加油。赏识家长其实就是表扬孩子。家长会上能激发家长对孩子的赏识和积极关注,加深对职业教育的理解信任和支持,我想这样的励志家长会家长是欢迎的,是认可的。诗人食指的那首广为传颂的《相信未来》中有这样的诗句:

> 当蜘蛛网无情地查封了我的炉台,
> 当灰烬的余烟叹息着贫困的悲哀,
> 我依然固执地铺平失望的灰烬,
> 用美丽的雪花写下:相信未来。

我很喜欢这首诗表现出来的美丽意境,很喜欢这首诗表现出的在逆境中依然坚守承诺、蓬勃生活、自我激励的勇气。对于中职家长而言，"相信未来"四个字同样能带给他们希望和力量。

家长会微讲座（二）　爱上阅读

有教育专家说：父母送给孩子的礼物不应该是财富，父母能带给孩子的，除了养育，还有使他们终身受益的习惯，这个习惯就是阅读。家长需要做的，就是把孩子引导到阅读宝藏的洞口，让孩子去发现，去寻找，去体会获取的乐趣。

中职生阅读的情况不如人意。阅读的意义是开阔视野，砥砺思维，培养专注力，丰富心灵，笃定信念，给自己带来安全感，提升精神"颜值"。让学生们爱上阅读，一直是我努力的目标。当然，这里的阅读，我指的是课外阅读。课外阅读顾名思义就是课本以外的阅读。在阅读这件事情上，家校紧密配合，根本不需要商量。

青春期的孩子是一头"牵着不走，赶着倒退的犟驴"。你希望他静心学习，他却热衷于玩手机。你期待他积极阳光，他却颓废自闭。你要求她举止文雅，礼仪规范，她却涂口红，粘假睫毛。你希望他们男女生交往文明有度，他们却不管不顾地沉湎于早恋不能自拔。孩子的教育问题引发家庭矛盾，亲子冲突不断上演。要拥有和谐的亲子关系，家长必须要有和青春期的孩子对话的能力。而这种能力绝不可能从天上掉下，也不能靠简单地模仿他人习得，而只能从书本中学习转化而来。

读书的家长和不读书的家长区别很大，尤其是在家庭教育方面。有些家长从来不读书，价值观、情绪管理能力、认识世界的能力、眼界心胸、思维方式都受到了限制。说到底，家庭教育父母的状态决定孩子的状态，父母开始转念，孩子开始转变。家长读书，以此来滋养自己的教育理念，有利于提升家庭教育的水平，提升了教育智慧。如今，做“快乐而有智慧的父母”成了家长们追求的目标。

第一，摒弃功利阅读，回归阅读本身。

很多家长把阅读分成有用阅读和无用阅读。有用阅读就是指那些能提升考试分数的阅读：比如考场优秀作文集、教科书辅助材料。反之就是无用阅读。在这种以结果为导向的功利化阅读引导之下，孩子丧失了独立思考的机会和能力，最后沦为考试机器。其实，阅读本身是一件非常快乐的事，它和分数无关，和利益无关，和思考有关，和眼界有关，和教养有关。

第二，身体力行，做孩子阅读的好榜样。

身教重于言教。有些家长口口声声要孩子读书，自己却从来不看书。休闲业余时间不是刷微信就是看电视、炒股票。要让孩子爱上阅读，父母必须做出榜样。你看不进大部头的书，看看报纸，翻翻杂志总还是可以的。再或者孩子在书房里做作业，你打开“喜马拉雅”听会儿书也是可以的。总之，家长希望孩子表现出怎样的行为，家长就应该先做出怎样的行为。

第三，创设良好的阅读氛围，多去书香之地走走。

让孩子爱上阅读，家里的阅读环境也很重要。家的角角落落随意放几本书，或者买一个书架，让书和家庭生活紧密相连，这是最好的阅读熏陶。杭州是个文化名城，近几年来，政府在图书馆建设等方面做了很多投资。家门口的图书馆免费开放，公益讲座免费倾听，优秀书籍随意借阅。再次，杭州的书店也越开越多，越开越有特色，特色书店一般都会有一个长长的故事；逛特色书店是一种享受，在特色书店遇见书友更是人生的快乐。另外，在读书的公共空间，每个人要保持安静，不吃零食，走路轻脚，讲话低声，甚至着装都不能过于随意。所以，图书馆、书店不仅仅是可以阅读的地方，而且也是个提升教养、修炼气质的场所。

去年10月，杭州钱江市民中心城市阳台举办了第一届读书节。我向家长提了两点建议：给孩子至少50元购书钱；要求孩子至少买一本书，听一堂读书讲座。结果，我们全班同学都去了，有13名家长还陪着孩子一起去了。家长带着孩子，和孩子一起感受浓郁的读书氛围；家长陪着孩子，和孩子一起挑选喜欢的书籍。我想这样的父母没有不受孩子爱戴的。

第四，参与孩子的阅读成长，和孩子一起买书、读书。

说到底读书是自己的事。家长一般不要强制规定孩子看什么书，只要孩子不是读那些黄色或过于血腥暴力的书刊就行。那些名师名家名教授推荐的书，好固然好，可是你的孩子不一定喜欢看。在养成良好的阅读兴趣、阅读习惯前，看这些经典书会磨灭他的激情。有一句话说得好：孩子们不是不喜欢看书，只是他们还没找到自己喜欢看的书。所以，家长应该把阅读书籍的选择权还给孩子，引导为主，绝不强制，否者效果适得其反。

家长陪着孩子长大，亲子阅读是一种高级陪伴。我经常向家长们推荐两本书：

第一本是李伟文和他的双胞胎孩子AB宝合作写成的《阅读是最浪漫的教养》。全书涉及80本书、50部电影，以及许多场展览、演出、讲座等，李爸爸在与孩子共同的阅读中梳理了压力、朋友、成长、追梦、志向、气度等有关孩子学习、成长的命题。全书文字娓娓道来，读后定能受益匪浅。

第二本是武志红的《七个心理寓言》。寓言的特点是以短小的故事说明深刻的道理。生活中的寓言，随时都在上演。读懂《七个心理寓言》，亲子之爱就会在你心中开花结果。

家长会微讲座（三） 藏在书包里的玫瑰

性教育是孩子成长过程中不可回避的问题。目前中职家庭青春期性教育的状况，相比过去几年有了很大进步。但整体还是不容乐观，根本原因是受传统的观念和文化浸染，家长对性或难以启齿，或羞于表达，很多家长也不知道怎么表达。

记得顾准曾经说过这样一句话："我信任人类的不断进步，我注目现世，不信有什么地上王国，对于未来的瞻望，必肇始于前。没有未来会出现的东西，而现在没有萌芽的，因此我注意经验的归纳，不信从经验方面无根据地对未来的预言。"问题的萌芽和经验的归纳就是对未来的瞻望。回到青春期性教育这个问题本身，我们家长从来不缺对孩子未来的瞻望，我们急需的是对孩子出现问题的经验归类。

问题一 孩子的性困惑，家长该怎么说？

曾经有个男生在听了我青春期讲座后，跑到我办公室里问我：他睾丸偏小，担心以后娶不到老婆，不能做爸爸，但又不敢去医院，为此压力很大。有个女生则表示不会选择合适的胸衣，不知道例假期间怎么加强身体保护。也有很多学生对于预防性疾病传播知之甚少，只是一知半解地从广告、电视、网络上获得点知识。还有极个别女生看了那些无痛人流广告，潜意识里认为怀孕了去做人流是件很小很小的事情。对孩子的这些性困惑，一般我都会建议家长选择合适的时间当面说，实在难以启齿就用书信说，或者干脆在孩子房间里或枕头边放上一本书。

问题二　孩子早恋了，家长该怎么办？

菁菁校园中早恋现象绵延不绝。从生理学、社会学意义上来说，早恋现象不可能消失。家长们、老师们当然不会为了它的不可消失而放弃了对孩子们的教育。如果发现孩子早恋了，家长们该怎么办呢？

首先要保持冷静，处理好自己的情绪，不暴跳如雷，不疾言厉色。因为暴跳如雷的结果可能反而让事情向相反的方向发展。

其次家长一定得放下权威，和孩子真诚沟通对话。不高高在上，不占领道德的制高点指手画脚。多倾听多思考，多讨论多协商。

最后认真反思问题之源：孩子为什么会早恋？任何事情的发生必定有其内在的成因。我们家长不妨想一想：孩子为什么会早恋？是学习压力？是安全感缺乏？是因为我们整天忙于上班，孩子缺少我们父母关爱？是孩子人际交往能力差，因孤独想寻找伙伴，还是想引人注意？是先前经老师提醒后对孩子过多的批评甚至斥责加速了孩子的反抗？

关于早恋,还有几点需要特别注意。

首先,家长千万不要轻易给孩子扣上早恋帽子,应杜绝用成人的视角去评析和判断。有时候孩子们只是谈得来,有共同爱好,或者正在交流对某一个社会名人的看法。谈爱好,谈兴趣,谈未来都是他们交往的内容。轻易扣帽子,很可能激发孩子的逆反心理。家长要积极关注的是,孩子"谈得来"的背后。每一个行为背后,都有其心理动机。

其次,教育孩子拒绝网恋。网络是个虚拟的世界,正因为虚拟,所以存在很多的欺骗。青少年,涉世未深,缺乏鉴别能力,所以,打开网络,因网恋而受骗上当的案例很多。家长们可在适当的时候和孩子做个交流。同时也要和孩子立个规矩,最好不结交网友,就算结交了网友,不见面是底线。

最后,家长还要鼓励孩子大胆大方地和异性同学交往。有的家长害怕孩子恋爱,于是生硬地割断孩子的异性交往之路。其实,学会和异性交往是一个人一辈子中的重要命题。孩子只有在和异性交往中,才能逐渐了解异性,认识异性,也还能够在和异性交往中检验自身的价值或魅力,纠正自己,发展自己,完善自己。当然,这种交往不是对某一个具体的异性交往,而是对男女生群体的交往。

问题三　孩子遭受性侵,家长该怎么办?

首先,要对孩子进行安慰、接纳和精神支持。其次,千万不要对孩子进行打骂和指责,一个"健康、活着"的孩子比什么都重要。再次,家长也不要把"仇恨"压在心底,不要为已经过去了的事情伤害自己的情绪和身体。

最后，全家人商议并妥善处理性侵相关的事件。

处理完了这些，我想最重要还是爸爸妈妈对家庭教育的反思。孩子为什么会受骗上当？孩子的家庭教育中缺少了什么？是不是我们当爸爸妈妈的整天忙于工作和柴米油盐忘记了关注孩子的心灵？孩子有了性困惑父母该怎么办？孩子为什么沉湎于交际，她孤独吗？

美国发展心理学家埃里克森提出了人格的社会心理发展理论，他把人的社会心理的发展划分为八个阶段，每一阶段都有特殊的社会心理任务，每一阶段都有一个特殊矛盾，矛盾的顺利解决是人格健康发展的前提。十七八岁处于人格发展的第五阶段，这一阶段的核心问题是自我意识的确定和自我角色的形成，特殊矛盾是获得同一感而克服同一性混乱。因为混乱，青少年的很多问题行为恰如犟驴般在家长们“牵着不走，赶着倒退”中上演。

总之，家长是孩子的第一任老师，是孩子的性教育指导者。孩子的青春期就是家长的最大责任期，任重道远。

家庭教育微讲座(四)　学会沟通　真诚交流

青春期的孩子神经系统的兴奋性显著增强，情绪情感容易波动，成人感明显，自我控制能力偏弱。他们讨厌父母喋喋不休的指教，不愿父母干涉他们的行为；他们内心的秘密往往不肯告诉父母，他们还喜欢和父母顶嘴。总之，父母、孩子两代人有了隔阂。两代人要想获得自然、亲密的关系，就必须学会沟通。

沟通的意义绝不是“我有话要说”，更不是“大人说，小孩子听”。黑格尔说:“一个人不懂得消化规律照样可以吃饭,但是懂得消化规律,会吃得更好。”沟通也是如此。

1.跟孩子沟通必须舍得时间投资

对孩子来说,最需要的是父母成为他们的朋友,可以倾吐心事的朋友。要达到这种关系,没有时间投资那是天方夜谭。建议父母挤出时间多和孩子一起聊天、看电视、散步、游玩等。在这种轻松的气氛中,谈话才能渐入佳境。

2.跟孩子沟通必须讲究语言艺术

(1)很多家长愿意花很多的时间在陪孩子,可是还没说上两句,就跟孩子翻脸。原因是父母表达方式有问题。值得推崇的是同理心、我讯息的表达方式。所谓“我讯息”指的是:以我为出发点,表达自己内心的感受,而不以指责孩子的口吻来表达。例如:“你老是不按时起床,我觉得心里很难过。因为我是一个失败的监护人。”同理心指的是:传达自己对孩子的感受和对相关经验的了解。通俗地说就是“将心比心”。

(2)跟孩子沟通注意话精,话多不灵

孩子在学校学习也很辛苦,一堂课接一堂课,天天如此。回到家里,要是父母还是喋喋不休地教导,孩子当然会反感、会顶嘴。因此,建议父母的话要简练、准确,能风趣幽默更好。有些话可以只说一半,结论让孩子自己想出来。家长的话不可以过多、过碎。

(3)跟孩子沟通注意多鼓励、少批评

现代社会竞争激烈,家长对子女的期待也日益增高。高期望带来高要求,高要求导致重焦虑。结果是父母对孩子多批评重指责,少鼓励无表扬,最终使孩子丧失自信,产生自卑和自弃感。

3.跟孩子沟通必须放下家长权威

家长要放低姿态,主动沟通,平等交流。最好的关爱其实就蕴藏于平凡的每一天中,要多一点关心、多一声问候、多一次引导,深入孩子的生活,了解孩子的感受,站在孩子的立场去体会和感受,帮助孩子正确认识事物,树立正确的人生观和价值观。对于孩子的错误,家长要科学引导,正确归因,避免孩子在同一个水坑中滑倒两次。

4.跟孩子沟通家长需多了解孩子身心发展的规律

父母在养育孩子的过程中,会遇到各式各样的难题,因此,建议家长读一点相关书刊,了解一些孩子身心发展的规律和特点,为亲子之间的沟通提供科学性的指导,减少家庭教育的盲目性。

总之,父母和孩子建立一种"朋友加兄弟姐妹"的新型家庭关系,就可以为亲子关系的协调架起一座畅通的"心桥",就是家庭教育的最大的成功。

古人喜欢在书中放置香草，不仅可以防蠹虫咬蛀，而且还可以给书留下幽幽清香，“书香”一词便由此而来。心理、生理紧密相连，互为因果。如果把人的发展比作一本书，心理、生理健康教育就是那把香草。只有拥有健全的人格、健康的体魄，人的发展才有意义。

肆 生命

妈妈，请你不要离开我

5月某天中午，我在心理辅导室值班。思思（化名）面色忧郁地走了进来。刚开口说了句“老师，我好难过”，便泪如泉涌。我倾听了思思的故事。原来思思家自去年7月开始，一直“祸不单行”：7月爸爸遭遇车祸去世，12月疼爱自己的奶奶病逝。今年这个月月初，妈妈也查出生了胃病，隔三岔五要去医院检查，家里更是经常充溢一股浓浓的中药味。就在前几天，家对面的邻居大姐姐又莫名其妙地跳楼自杀了。她目睹几个警察不时地在楼道里来回穿梭，突然觉得这好像是预兆——妈妈也要离开她了。思思泪眼婆娑:“我记得爸爸躺在医院重症监护室的那几天,我怕妈妈伤心欲绝,假装很坚强很平静。爸爸火化那天,看到妈妈几乎哭干了泪水的眼睛,我强打起精神,挑起了照顾妈妈的责任,和妈妈不离不弃。奶奶去世的那几天,我也始终没有表现出异常悲伤。因为我知道我还有妈妈。现在我总有种不祥的预感:妈妈也要离开我了。我寝食难安,经常做噩梦冒冷汗,胃也经常疼痛,学习没有心思。老师,我真的要发疯,要崩溃了。请你帮帮我吧。”

思思的故事从心理学上来说,不难理解。爸爸和奶奶相继离开,表面上,思思能很坚强,平静面对,事实上,思思的内心并没有接受这哀伤的事实,她的悲伤情感被压抑着,哀伤情绪没有得到充分的表达。在貌似理性的坚强外衣掩盖之下,思思把注意力全部转移到妈妈身上,妈妈成了她生活的全部依靠。当妈妈的身体健康出现问题时,她过去的应对方式不再起任何作用。安全感的完全丧失,导致了思思的焦虑不安。思思的哀伤需要处理,不能压抑忽略,否则容易生发抑郁、焦虑等心理疾病。

有了上述思考,我决定对思思采取以下辅导策略:

第一,运用空椅子技术,让思思真实面对丧亲的事实。向逝去亲人告别,妥善处理哀伤的情绪情感。

空椅子技术,是心理咨询中常用的一种技术,是使来访者的内射外显的方式之一,比较适合恋人、亲人、朋友由于某种原因离开自己或者去世的哀伤处理。这种技术常常运用两张椅子,要求来访者坐在其中的一张椅子上,扮演“倾诉者”,对逝去的亲人倾诉自己的心里话。然后再换坐到另一张椅子上，扮演“倾听者”。通过这种方法，可使来访者充分地体验冲突，由于来访者在角色扮演中能从不同的角度接纳和整合“倾听者”与“倾诉者”，因此冲突可得到解决。

我鼓励思思对着代表爸爸的空椅子说话：“爸爸你是那样疼我爱我，你烧得一手好菜，长得像大明星黎明，对我百依百顺，饭后经常带我去散步，周末经常陪我去看电影。现在这所有的一切美好都离我远去了。每当放学回家，每当路过电影院，每当看到同学和他们的爸爸一起散步，我心都碎了。其实，我还挺‘恨’你的。我和妈妈不眠不休地在急诊病房守了两天两夜，舅舅请了全市最好的外科医生，奶奶每天烧香拜佛，可是爸爸你一句话都没留下，顾自己走了。你甚至没有睁开眼睛看我一眼。”

说完了这些，思思的泪水如开了闸门的洪水，倾泻而出。我递给思思纸巾，等她擦干眼泪，情绪平静下来的时候，给了她一个最真诚的拥抱。我继续鼓励她，坐在代表爸爸的空椅子上和自己说话：“思思，爸爸最疼爱你了，从小到大，你带给了我无尽的欢乐。你是我的掌上明珠，你总是那么聪明、懂事、乖巧，爸爸一直以你为傲。遭遇车祸，离开了你和妈妈，我的痛苦无法用语言来表达。我担心着你，挂念着你和你妈妈，我泉下有知啊！思思，爸爸已经回不去了，生命是那样的脆弱，我在医院的那两天两夜，和死神拼命搏斗，为的就是想继续和你们生活在一起。可是我伤得实在太重，无力回天。我最亲爱的女儿，你和你妈妈要好好活着，健康活着，你和你妈妈的幸福就是对我最大的安慰。我会含笑九泉的！宝贝女儿，你要学会坚强，好好学习，考上理想的大学，过自己想过的日子,爸爸祝福你相信你！否则我死不瞑目啊。”

泪水在思思脸上肆意流淌。我默默地走上前去再次拥抱了她。思思已经勇敢地和爸爸做了最后的告别。逝者已去,生者坚强!

思思走出辅导室不久,我拨通了思思妈妈的手机。

第二,厘清对死亡的误解和担忧。

一个星期后,思思依约再次走进辅导室。这一次,我把辅导的重点放在帮助思思厘清对死亡的担忧上。相比上次,思思显然轻松了很多,表情也亮堂了不少。还没等我开口,思思就告诉我,妈妈已经把胃病的成因和病史如实告诉了她。之前之所以不说,是怕她过于担心,影响到学习。妈妈的胃病属于浅表性胃炎,这种病很常见,但根治需要长期的调养。目前中医汤药疗法最为有效,所以妈妈经常在家煎药吃药。我长长舒了一口气,显然思思妈妈依照我的要求对思思进行了家庭辅导!我很欣慰。

我笑着问思思:“隔壁邻居姐姐的事情对你还有困扰吗？你还相信所谓的征兆吗?”思思轻轻地笑了起来:“老师,姐姐的自杀和我们家没有任何关系,我之所以把两者联系在一起,可能是我以前太紧张妈妈的缘故。心里紧张,就胡思乱想了一回。现在我还会想起爸爸和奶奶,但是我已不那么悲伤了,他们在天堂微笑地看着我和妈妈呢。”心理专家约翰·鲍比认为:哀伤者若想起死去的亲人,再也没有恸哭、身体不适的状况,甚至能够把情感投放在生活里,哀伤的处理就进入完成的阶段。思思已经重返现实生活!

放下包袱的思思不再寝食难安,也不再把所有的注意力放在妈妈身上。她报名参加了两个社团，参加了校园歌手比赛……她那天使般的青春笑脸灿烂了整个校园。

拯救情商

学生毅（化名），仪表堂堂，口若悬河，学习成绩优秀，且在表演方面也颇有天赋。可他人缘不佳，常遭同学嫌弃。

毅是大家的“开心果”。同学可以任意嘲笑他，拿他开涮。为了取悦大家，毅显得很大度也很阔绰。比如打篮球时，他会自掏腰包给班里的每位队员买矿泉水，同学做值日时，他会主动帮助同学打扫卫生；体育课汗流浃背之时，他会给同学主动送上餐巾纸，在他生日那天，他还买了一大包零食请客。俗话说“吃人家嘴软，拿人家手短”，可是同学似乎并不领他的情，对他依然如故，肆意嘲笑，任性轻视。毅感觉到自己的付出和善意得不到回报，心生恨意，但也无可奈何。

后来毅和班里另外一个不被同学待见的同学东（化名）交上了朋友。只是两人经常吵吵闹闹，分分合合。学校人口文化节漫画设计比赛，东的漫画被评为二等奖，被制作成 KT 板在三校区展览。在颁奖仪式上，东认识了另外一个获奖同学，并且和他走得很近。毅感到被背叛、被抛弃。那天为了一点小事，毅对东抡起了拳头。毅被学校通报批评。悲愤交加的毅走进了我的办公室。

毅遭人嫌弃，表面上看是人际交往问题，实质却是有关情绪智力的问题，也就是我们常说的情商问题。心理学家认为，情商水平的高低对一个人能否取得成功有着重大的影响，其作用有时甚至要超过智力水平。情商的水平不像智力水平那样可用测验分数较准确地表示出来，它只能根据个人的综合表现进行判断。美国心理学家认为，情商内容包括五个方面：

一是认识自身的情绪。毅感受到了同学的排斥和嘲笑，也真实地体验到了自己内心的愤懑不满和委屈，但他压抑着，包裹着，反倒强颜欢笑，主动示好。因此毅沦为了感觉的奴隶。

二是管理自己的情绪，即能调控自己。遇到消极情绪，能及时调整，做情绪的主人。毅遭遇消极情绪时，没有能够学会调整和正确处理，意气用事，以拳头相向，使自己陷于被全校批评的窘境。

三是自我激励。客观来说毅也有自我激励的能力，他能走进我办公室主动求助，这种行为本身就是一种自我激励。虽然它是那么微弱而细小。但星星之火却可以燎原。

四是感知他人的情绪。这是与他人正常交往、实现顺利沟通的基础。别人喜欢我讨厌我，讥讽我表扬我，看人面识心情，听语言知感情。毅却一头雾水，茫茫然不知所终。凭自己的喜好一意孤行，结果撞得满身是伤。虽然毅也最终能觉察到同学的情绪，但都只是在事后。

五是人际关系的管理。感知他人情绪是人际关系的基石，感知之上才有分寸和距离。在这方面，毅明显不知所措。所以，他人际关系的恶性循环在所难免。

人是群居动物,人的天性之一就有被尊重的需要。毅,我拿什么来拯救你的情商呢?

识别和接纳

善于识别自己的情绪是情商的组成部分,比这更重要的是识别情绪之后的接纳。

我问毅:“你用自己的零花钱给同学买矿泉水,但是他们只管喝却不怎么领情,你难过吗”?

“我当时委屈得想哭。”

“那你为什么又要假装自己不在乎,很快乐地去迎合同学呢?”

“我想我不应该为了这些去破坏同学感情。”

“你在逃避内心真实的感受,你觉得‘委屈’是不应该的,是不对的,所以你假装不在乎。”

“老师,我只是很想和同学交上朋友。”

“回避了自己真实的情绪情感,委曲求全的结果只能和你的美好愿望背道而驰。我觉得你在当时那种情况之下应该表达自己的情绪‘我不开心’,而不是假装不在乎,假装欢笑去讨好同学。”我严肃地说。

毅,沉默着没有说话。

学习和管理

亚里士多德说:“任何人都会生气,这没什么难的,但要能适时适所,以适当方式对适当的对象恰如其分地生气,可就难上加难。”情绪管理实质上只不过是在过度发泄和过度压抑之间取得平衡。毅在受同学嘲讽时不表达自己的失落、委屈和愤怒造成了同学的误解:你的情绪是不需要被关照和尊重的。所以,我们可以肆意嘲讽。正所谓:“可怜之人必有可恨之处”。这话说得非常有道理。

情绪管理学中,“当××时,我感到××”的辅导训练方式备受推崇。这种用“我”作为主语,用“我讯息”的表达,一方面可以让受害者的情绪有一个出口,另一方面也能让加害者容易接收到受害者的表达,从而懂得了要尊重别人的感受。

当毅再次走进我的办公室时,我按照“当××时,我感到××”这个方式,对毅进行了情境训练。

当____________时,我感到____________

当____________时,我感到____________

当____________时,我感到____________

很快,毅的情绪管理能力提高了。当有的同学又想要任意差遣他的时候,毅同学学会了委婉拒绝:我还有重要的事情要去处理,不好意思哦。慢慢地,他的朋友也越来越多。在教室里,在篮球场上,我时常能看到他和同学一起欢呼的笑脸。

【聆听手记】

人际交往时,善于识别自己的情绪,能正确表达自己的需要甚至是愤怒,学会倾听,学会察言观色,都是情商的重要内容。遭遇同学不喜欢自己、排斥自己时，首先需要做的事情是反思和总结：为什么会这样，问题出在哪里，应该怎么去处理。

老师，我想退学

在这个世界上，只有一条路不能选择，那就是放弃之路；只有一条路不能拒绝，那就是成长之路。在这个世界上，有阳光，就必定有乌云；有晴天，就必定有风雨。冲破乌云，春雨洗礼后的阳光比从前更加灿烂，风雨经历后的天空才能绽放出美丽的彩虹。

——题记

周五班会课结束，我推开办公室的门，发现一封信已平躺在办公桌上。拆开一看，原来是班级学生明明（化名）写的："陈老师，我想退学。至于退学原因，说来话长，我只是觉得我身心俱疲，想回家好好休整一下。我是个肮脏的人，不配拿国家奖学金，我辜负了您的信任，我惭愧不已。希望我还有机会报答您。别担心我，我一定会好起来的。明后天是周末，我想去灵隐寺走走，或许这能驱散我心头的雾霾。"读着信，明明的样子不停在我眼前晃：明明来自浙西一个小镇，为人朴实，心地善良。我清晰地回忆起这两天来明明的反常：大多数时间沉默着不说话，眼神迷离，整个人精神状态很差。数学老师反映明明课堂走神，英语老师反映明明课堂睡觉。直觉告诉我，明明一定遇到了事情，难言之隐的背后肯定有他跨不过去的坎。我得想办法帮帮这孩子，拉他一把。没想到，周一中午午休时间，明明竟然主动推开了我办公室的大门。

情非得已之下的“肮脏”

明明一脸的憔悴。我给他泡了杯水，请他坐在沙发上。他和平时很不一样，那天显得特别拘谨，双腿紧闭，双手不停地搓揉，眼睛还不时地左顾右盼。我感受到他的紧张。于是我便微笑着和他聊了几句心理辅导的保密原则，并引用“每个人都是被上帝咬过一口的苹果”的心理名言做了个简单的自我暴露。我想用这样的方式减轻明明的紧张和不安。明明认真地听，不住地点头。最后，我说：“你能来辅导室，说明你是一个很爱自己的好男生，加上你平时的学习状态和学习成绩，你要不是遇到了让你暂时不能克服的困难，你是不会轻易提出退学的是吗？”明明使劲地点点头，眼光里充满了信任和无奈。他终于向我敞开了心扉。原来，初三毕业考结束，他就在家乡县城里打工赚了3000元钱，爸爸很开心地贴补了1000元钱，给他买了一台心仪已久的笔记本电脑。有一天他很偶然地点开了电脑上一个自然弹出的页面，上有“性爱游戏”四个字。他看到了很色情的性爱画面。情绪激动之下，不能自已，自慰了。后来经不住诱惑，又点进去看了好几次。看的时候很过瘾，之后就忍不住自慰。等他升入高中后，从网上看到“一滴精，十滴血”的劝告，害怕之余，自慰次数减少了很多，但有时辗转反侧之际，他会不由自主地去翻看那些刺激的画面。上周一升国旗仪式时，他的名字在全校老师同学面前被响亮地提到好几次，这种表扬让他自豪。当时他就暗暗下定决心要改变。可是上周三晚上，他看了一会电视《武媚娘传奇》，电视里女演员的丰乳肥臀又让他想入非非，后来他又自慰 了。自慰之后他内心又非常自责，觉得自己好肮脏，不配拿国家奖学金。同学老师对自己那么信任那么友好，而自己的灵魂却这样龌龊！所以，想退学一走了之。事情终于有了眉目。原来折磨明明的是那段自慰历史，那种肮脏和罪恶的感觉一直和他如影相随，折磨他，叩问他，鞭挞他。

高中阶段是青春期生理心理发展的关键期，也称第二次断乳期。此阶段的性心理问题是青少年身心发展过程中的常见问题。青少年在缺乏必要的青春期知识的情况下，恰逢社会积存的一些不合理教育，受到一些不良刺激的诱惑，很大程度上影响了他们对性心理问题的正确认识，从而出现自责、焦虑等心理，形成不良的自我概念。一些青少年因为自慰，会产生内疚和自责心理，往往想要改正。可是在生理的自发冲动下又难以自制，从善的心愿遭到挫折，导致精神上的损害。明明的问题来自于他在青春期对性的懵懂和渴望受到了一些外在黄色信息的误导，并且与所受教育有冲突，这在他心里埋下了耻辱的印记，导致他心理压抑，变得敏感多疑，学习成绩一落千丈，学习上受挫又不能够合理归因，反而一直退缩、逃避，甚至不惜以休学、退学为代价。

给自己准备几根橡皮圈

我安慰明明说："自慰一般不会对人造成损害。当然过度自慰可造成一些泌尿生殖系疾病、神经衰弱等，主要表现为意志消沉、记忆力减退、注意力不集中、理解力下降、失眠、多梦、头昏，心悸等。你对照一下你自己，对自己有个大致的判断。"

"老师，你说的这种现象我偶尔有过，但大多数情况下没有发生过。"明明说。我稍稍紧绷的弦放了下来。

"其实自慰不是一件特别耻辱的事情，它只是青春期性生理发育的一种需要和宣泄，只要对自慰有个正确认识，并且学会注意力的转移等技巧，自慰危机会过去的。"

"我也知道这样做很不好，但我总是控制不住自己。"

"为什么呢？别的同学和你一样都处在青春期哦。"

"可能我经常看那种视频信息吧。"明明摸了摸后脑勺。

我微笑着点了点头，并用鼓励的眼神看着明明："在无聊时也要学会转移注意力呢。"我轻轻地说。

"嗯，我应该学会转移注意力，无聊时就想办法让自己的生活丰富充实起来，去打打篮球、羽毛球或者去轮滑社轮滑。当然，也要保持生活规律，按时作息，不'赖'床。"

"真好，参加体育活动转移自己的注意力是一种最靠谱的方法，很高兴你能想到这些。世上无难事，只怕有心人。"

明明开心而腼腆地笑了笑。

最后，我向明明介绍了一种简单易学的“橡皮圈厌恶疗法”。也就是在手腕套上橡皮圈，一感到有性冲动就拉橡皮圈弹打自己，疼痛的感觉会压抑性冲动。在疼痛的提示下，强迫自己马上去干别的事情，以转移对性冲动的注意力。默记每次性冲动要拉多少次橡皮圈才能抑制性冲动，经过反复治疗，拉橡皮圈的次数会逐渐减少，直至完全戒除。

“其实，从你的情况来看，自慰最大的问题不是自慰本身而是自慰后缠绕在你内心的罪恶感和耻辱感。”我单刀直入又把明明拉到了思考事情本源的地方，我想只有消灭了内心的恶魔，明明才会真正地成长。

“嗯，老师我不会再纠结了。这是青春期正常现象，我和别人一样都是正常人，只是我宣泄方法不科学而已。”

“而已”，这是个多么轻松的词语。是啊，这只是“而已”而已。午休课结束钟声敲响，明明愉快地和我道别。

作鸟兽散伤害了我

大约一周后，明明再次走进了我的办公室。“老师，我想回家休学一年。”为什么？我用眼神追问他。明明沮丧地说：“今天班里的八九个男同学在教室，围坐在一起说说笑笑。奇怪的是，我一出现，他们一看到我，就立刻作鸟兽散了 。几个同学尤其是那个张同学还意味深长地多看了我几眼。一定是我那件丑事情被他们知道了，他们肯定是在嘲笑我，我太没尊严和面子了。在这个班级，我待不下去了，我想先回家休学一年，明年他们高二，我高一，这样就不用抬头不见低头见了。”我认真地倾听着，共情着。

我理解明明，对于一个曾经身陷罪恶感的青春期孩子，仅仅一次的心理辅导虽然让他豁然开朗，但这只是表面上的痊愈，实际上要达到彻底矫治仍然需要一定时间和一些事件的考验。在平静的状态下，明明还是具备一定的思辨力的，我想到了心理辅导技术中的面质。

于是，我对明明提出四点他需要澄清的问题：

第一，同学是因为看到了你而作鸟兽散的吗？

第二，多看了几眼的眼神所包含的信息是你自己一厢情愿的单方面猜测还是客观事实？

第三，别人的眼神是自己内心的投射还是别人真实的想法？

第四，偌大的一个校园，休学回来后，你难道真的可以做到和以往同学抬头不见低头不见了？

明明显然没有想到我会连珠炮式发问。他先是愣在那里，继而认真地埋头思考起来。过了好长一会儿，明明抬起了头："老师，可能是我多想了吧。"我不依不饶："敏感多疑可能是你性格的一部分，但是我想最重要的是你内心要真正强大起来。什么是内心真正强大，就是在面对别人的批评、质疑甚至语言攻击时，能够保持一颗淡然包容之心，不纠结不怨恨，做自己该做的事，走自己该走的路，云淡风轻，自在洒脱。"明明陷入了沉思，长长的沉默过后，他泪眼婆娑地向我道别，说是回去好好想想我的话，并且意味深长地说了五个字："谢谢您，老师。"

尾　声

一星期后，明明第三次走进了我的办公室，他精神好了很多。话语中明显带了些对未来的憧憬。他还说了句很有意味的话:"我的青春我做主。"我和他愉快地谈论职业规划,谈论学习,谈论人际交往,谈论情绪处理。一个小时的轻松交流很快就过去了,走出办公室的明明一脸的阳光。我目送着他的背影,眼神里溢满了虔诚的祝福。

其实,我一点都不笨

一天,我正在办公室里对新学年的第一次考试成绩进行大数据分析。门被轻轻推开了。进来的是女生小灵(化名)。坐在沙发上的小灵把头深深埋下,一语不发。"遇到什么困难了,我有什么可以帮你的吗?"我打破了沉默。她还是头不抬,声未发。我轻轻地走到她身边,语气极度温和:"是不是这次考试考砸了?"她抬起了头。紧接着,情不自禁地抽泣起来。

我递给了她几张餐巾纸,又给她泡了一杯热开水。充满怜爱地看着她:一刀齐刘海,扎着一束马尾,眼睛大而忧郁,两行热泪挂在脸颊两侧,宽宽大大的校服显示了她的瘦弱。"老师我这次考试考得又很差,我怎么那么笨啊?""考试成绩的好差有很多原因的,仅仅凭考试成绩不能说明你很笨哦,谁说你很笨了?""今天中午市场营销课代表来发试卷的时候说全班市场营销平均分85分,只有一个女同学在70分以下,影响了全班平均分，我一看我的考试卷，老师给我打的分数是69分。我觉得心里好难过，我怎么这么笨。”原来如此！

小灵是住校生。她在家里排行老大，还有个弟弟。家住在城郊接合部。她家里有个80多岁的奶奶，爸爸妈妈都是环卫工人，一家五口挤在不足40平方米的屋子里。小灵弟弟读的是特殊学校(智障学校)，于是爸爸妈妈对她的学业寄予厚望，希望通过读书能改变她自己和家里人的命运。小灵读书很争气，小学时，学习成绩都是班级里的前三名。可是，初一开始成绩却出现了后退。中考时，小灵勉强考进一所普高。但是，读职业学校不但能免去1000元学费，而且还可以考大学，所以，小灵全家思来想去决定还是到职高读书。没想到，进职高快一年了，小灵的学习成绩仍旧是中游。由于家境清贫，吃穿不如人，学习成绩又不好，小灵常常感觉抬不起头来，茕茕孑立，形单影只成了她生活的常态。

听了小灵的故事，我能强烈地感觉到小灵内心的挣扎和痛苦。想上进而力不足，想融入集体却深深自卑。这一切都是因为“我怎么这么笨”！要帮助小灵，首先要改变的是小灵对自己的认知。最关键的是甩掉“我真笨”的标签。我对小灵说：“人无完人，我们每个人都是不完美的。但是我们并不因为这个而给自己贴上‘我真笨’的标签，‘尺有所短，寸有所长’，上帝在为你关掉一扇窗户时，肯定为你打开一扇门。小学时，你学习成绩优秀，证明你不笨；中考时，你考到了普高的录取分数，证明你不笨；现在，你是班里的中等生，中等生也能证明你不笨呢。”小灵若有所思。

我又拿过小灵的市场营销试卷,认真地看了起来。小灵解释说:"市场营销考试时,我把两个名词解释的答题位置写错了,扣了15分。最后一道案例分析题,我漏掉了一个小问答题,这题其实我是会背的。"

我抬头看着小灵微笑着说:"这个现象再次证明你很笨吗?"小灵摇摇头,脸上微微泛红。

在即将结束我的第一次辅导之前,我给小灵布置了一道家庭作业,写12句"我是个怎么样的人"的句子。注意要写自己的优点和积极面,不写自己的缺点和不足。我和小灵约定,每周的周一中午12点准时来找我。送走了小灵,我又梳理了一遍小灵的各种情况:小灵作文写得不错,作文常被学校文学刊物《小草》录用;小灵的手工制作也很不错,曾经在学校科技节获第三名。还有小灵腿长个子高,体育成绩也不错,跳高跑步经常得奖。我对小灵的辅导计划越来越清晰。

一周后,小灵如约前来。她依旧是扎着一条马尾,清瘦纤弱。和上次不同的是,小灵看上去精神不错。

"发现自己的优点了吗?"我亲切地问。

小灵没有正面回答我的问题,她从口袋里拿出了一个精致的笔记本,递给了我。我看到扉页上印着:××小学三好学生。"哇,你看,你有多么光辉的过去啊。"我真诚地赞美着。小灵腼腆地笑了笑。我打开小灵的笔记本,数了数优点,她竟然写下了13条。我微笑着问道:"这些优点都是你自己总结发现的吗?是真实存在的吗?"小灵肯定自信地点了点头。我趁机点拨说:"一个有这么多优点的人,她还是个笨蛋吗?"小灵调皮地吐了吐舌头。

我知道，对于像小灵这样的孩子，要脱掉“我很笨”的帽子，仅靠一次两次的心理辅导是绝对解决不了问题的，她最需要的是树立自信，去除自卑。针对小灵的心态，我采取的认知矫正法应该有个更深层次的小结和反馈了。那就是在发现自己优点的同时，也能明白并找到自己学习成绩上不去的技术层面的东西，比如学习方法、学习情感、学习习惯等。只有切切实实地帮助小灵提高学业，以真实的成绩说服她，才能真正帮助小灵告别“我真笨”。

于是，我采取了五步辅导矫正法。

第一，引导小灵把比较视野从别人转向自己，这是重建信心的关键。小灵的“我真笨”的自我认知是从与同学的比较中形成的。而且她把家境清贫的自卑感和学习成绩落后的焦虑感杂糅在一起，当然，客观上家境的不如意强化了她学习的不自信。我告诉小灵：“其实我们每个人都能正确评价自己，可当我只想着与别人比较时，我永远会感到自卑，不如人，而当我想着与自己比较时，我才会感到自信！”

第二，指导小灵注意学习方法。从任课老师那里我了解到小灵上课有记课堂笔记的习惯，但是她常常详细地记录老师的讲课内容，却没来得及用心听课。所谓听课三要素：“眼到、口到、心到”，“三到之中，心到最急”，小灵忙于记笔记，不专心听讲，显然是丢了西瓜，捡了芝麻。于是，我就上课记笔记这个学习习惯对小灵进行了针对性的辅导。

第三，小灵学习勤奋，在晚自习时间总是独自钻研数学难题。独立思考力是学习所必需的，但是如果缺乏同伴间的交流和切磋，也会造成思维的堵塞。数学学习无法体验到成就感，大大挫伤了小灵学习数学的积极性，加重了“我很笨”的认知。于是，我有针对性地对小灵进行难题学习方法的指导并且鼓励她课余多和同学交流学习心得。

第四，家校携手。我约小灵的父亲来校，很真诚地和他就小灵的家庭教育进行了沟通。让家长适度保持对孩子的期望值，不要过多增加孩子的压力，创造宽松民主的家庭氛围，多关心孩子的内心感受。

第五，创造机会“逼”小灵和同学沟通。团辅课特别是团辅游戏活动，让小灵融入了集体。从中，她也感受到了集体的温暖。

经过一个学期的努力，小灵终于从“我真笨”的泥沼中爬出来。她的数学成绩稳步上升，她的作文依然很棒，今年她参加了“品味书香”作文大赛，捧回了二等奖的奖状！期末大考，她的总分上升到班级第 10 名，年级 18 名。

【聆听手记】

在众多的关于自信心培养的教育个案中，很多教育者往往聚焦于调整认知和学习的情绪情感培养。无疑，合理认知和情绪情感培养是激发树立学习自信的一个重要的途径。只有帮助学生客观地认识自己，发扬自身优势，帮助树立“我不笨”“我不比别人差”的观念，矫正工作才能走入下一步。但是如果辅导老师仅仅停留于语言的激励和情感的熏陶，没有对学习方法、学习习惯等学习因素进行实质上的辅导，很多时候，培养自信就会成为一句空话。所以，学法指导是培养学生学习能力的核心因素。古人说，“学贵有方”。达尔文也曾强调要掌握学习方法，他说：“最有价值的知识是关于方法的知识。”

从这个意义上说，小灵的“我不是笨蛋”的辅导，触到了如何帮助学生树立学习自信的最本质的东西。

我就是一个春天的花朵

寒假里，我布置了“《渴望生活——梵高传》”的读后感作业。作文本很快交上来了。读着学生们或激情昂扬或婉转低沉的文字，读着他们对爱情对亲情对友情对生活乃至对艺术的深深理解，我内心的喜悦无以言表。突然，一段文字引起了我的注意：“我是一个不爱阅读的人。像我这样厌恶读书、沉湎游戏的差生，一个有如此卑微灵魂的小人物，一个活在同学们的异样目光乃至嘲笑声里的人，无论如何是不可能喜欢上梵高的，梵高那么伟大而高尚，而我……”我心头微微一震，一看作文本封面上的名字，是学生小建(化名)。

“其实，我小时候挺喜欢读书的。爸爸妈妈在地里种菜，我就坐在边上的石头上看书，做作业。我们那儿的老师都喜欢我的。到了杭州以后，我总觉得这里的同学老师和我们那不一样，同学总是嘲笑我一口乡音，普通话不标准，因为这个，每当我在课堂上回答问题时，同学们总是哄堂大笑。同学们不怎么喜欢我，老师也好像总找我茬，总是批评我。更令我伤心的是妈妈爸爸来到城里后，工作很忙，对我也不太在乎了。以前对我嘘寒问暖,感冒发烧时更是如临大敌,着急得不得了。可是现在对我爱理不理,有一天我回家告诉妈妈说我头晕,妈妈低着头顾自己包饺子,轻描淡写地说了句:'哦,没有事情的,大概受凉了。睡一觉就会好的。'我看了一眼妈妈手上的饺子,觉得我在妈妈心中不如她手上的饺子。爸爸平时不太和我说话,一说话总是那几句:'好好学习,要争气,我这么辛苦都是为了你。'说实话我耳朵都听得起茧了。我好像就是一台学习机器。读书有什么意思,学校里没意思,家里也没意思,它们都像牢笼。我还不如去打游戏呢。游戏多好啊,打游戏多快乐,虽然我知道打游戏不好,可是人生快乐是王道。除了打游戏,我能在哪儿找到快乐?"

读着小建的作文,一丝悲悯涌上心头。我脑海里随即浮现了半年前刚转进我班的小建的身影:一个瘦瘦的弱小的男生,不苟言笑。甚至还带些许木讷。刚开始,小建学习比较认真,可是自从上个月开始,就有任课老师反映:课堂里的小建是"不拿书,不拿笔,不答疑"的三不男生。每天的作业几乎都要在老师或课代表的监督下完成。小建沉默寡言,没有很要好的朋友,自称游戏是他的"情人"。我决定先去家访。

周六那天,我费了点周折找到了小建家。这是一间普通的两居室农民出租房。一间是厨房兼客厅,另一间被隔成了一大一小两个房间。虽然拥挤但也井然有序。小建妈妈一看到我,就一脸抱歉地说:"老师辛苦了,我家小建不好好学习,还经常跑出去打游戏。这孩子怎么这么不懂事啊!我和他爸爸为了他的学习,好不容易把他从老家带到城里。我们省吃俭用,他要什么给什么,从来不亏待他,可是他偏偏这么不懂事,他爸爸打也打了,骂也骂了,可是他趁我们稍不注意就溜出去上网玩游戏。有时候,我多说他几句,他竟然说家里像牢笼。我们除了要求他全力把书读好,对他没有别的要求,生活上几乎是百依百顺的。”

小建妈妈的话说出了小建打游戏的家庭成因。亲子缺少情感沟通,家庭教育方法陈旧老套,唠叨打骂的教育方式加重了小建的逆反心理。另一方面,小建在学校里缺少朋友,遭遇同学冷落,只有在游戏里,小建才能找到尊重感,也只有在游戏里小建才能自我实现。

可怜的娃!

我告诉小建妈妈,最好的教育是陪伴,父母平时工作忙,但是一定要抽空陪孩子聊聊天,说说话。多鼓励,少指责,多欣赏,少抱怨,更不能动不动就打骂。孩子荒废学业爱打游戏是有原因的,这个原因和父母的家庭教育方式是分不开的。孩子缺少家庭温暖,缺少父母认可,只好到游戏里找温暖、找认同。

为了帮助小建摆脱游戏瘾,回到学校,我决定立即为小建做三件事:1.利用特长,找成就感,激发自信心;2.扩大交际圈,寻求同伴支持;3.家校配合,正向强化。

根据霍曼斯的交换原理,当一个人某种行动得到的报酬越多,这个人就越愿意从事这种行动。一方面这可以获得其他同伴的尊重,另一方面还可以尽情享受成就感带来的满足。小建思维活跃,电脑美术设计动手能力强,在学校技能节上,小建制作的电脑小报获得一等奖。我利用这个契机,进行充分的“借题发挥”,不断给予小建表扬,并且创造一切让小建露脸的机会,帮他找到学习上的成就感,激发他的自信心。

同伴认可在中职年龄段也有着重要的意义。小建的人际交往与团队归属的需求在现实中得不到满足，只能在网络游戏中寻得帮助和安慰，找到精神上的知己。这种情况下，玩游戏更容易成瘾。想起了一则故事。有个人很喜欢蝴蝶，他买来几盆鲜花放在窗台，然后静静地坐在沙发上品着香茗，望着蝴蝶翩翩而来，心情犹如吸蜜的蝴蝶。你若盛开，蝴蝶自来；你若精彩，天自安排。是的，一切有关我的问题，都有我的份。其实一切向内求，你变了，你的世界就变了。要帮助小建切实扭转厌学行为，告别沉湎于打游戏的怪圈，最可行的是帮助小建自身真正强大起来，"盛开"起来。

学校里挑选广播操队员，我极力推荐小建参加；班级文化布置建设，我"命令"小建去我推荐的几个网站挑选符合我班级书香气质的三份优秀的教室设计图，当小建千挑万选的作品呈现在班级同学面前时，聆听到同学的赞叹，小建那份成就和满足感无以言表。小建喜欢唱歌，我努力创造条件让他加入男生小组唱的队伍，小组唱的同学给予了小建很多的欣赏和支持。露脸的机会多了，团队合作的次数增加了，同学们的认可度与日俱增，小建不再孤独。

家庭教育方面，我保持和小建父母的密切联系，小建在学校里的哪怕是很小很小的一点进步我都第一时间告诉他们。并且要求小建妈妈给予小建鼓励和表扬。在我的提议下，小建和父母签订每天只玩三小时手机的君子协定。在不断的正向强化激励中，小建开始恋家了。

经过三个月的努力，小建有了明显变化，学习态度端正起来，对游戏不再迷恋，快乐一天天增多，笑容一天天灿烂。他已经充分认识到学校和家不是牢笼,学习也是一件比较有意思的事情。他还曾用崔健的歌词快乐地自嘲:我就是一个春天的花朵。

后记

对中职生厌学玩游戏这件事,究竟是玩游戏导致厌学还是厌学导致玩游戏呢?小建的故事给了我们答案和思考。厌学玩游戏的背后是一种需要。教育的首要任务就是要学会聆听孩子的心声。

心理短篇五则

当我从11楼跳下去

2014年3月21日，一段44秒的视频在网上疯传。点开观看，里面的一幕让人不胜唏嘘。视频显示，3月13日晚7时11分，温州市平阳县某高中教学楼503教室内，高三学生们正在进行晚自习。突然坐在第一排靠窗位置的19岁男生站了起来，在同学们的惊讶声中推开窗户，纵身一跃……最终，该男生在送医院抢救无效后死亡。花样年华，该男生却选择了这条不归路。由此看出，生命教育的种子亟须在广大青少年中播撒。

美、英等国家认为，生命教育是帮助学生科学地了解人类的生死关系，以理解的态度面对生命历程中不可抗拒的客观规律，从而使其活得更充实、更有意义和价值。我国学者张淑美综合国内外专家学者的意见，将生命教育定义为“探讨死亡的本质以及各种濒死、丧恸主题与现象，促使人们深切反省自己与他人、社会和自然，乃至宇宙的关系，从而能够认识生命的终极意义与价值，是面对死亡、克服对死亡的恐惧与焦虑、超越死亡、省思生命，使人们能体会谦卑与珍爱，展现人性光辉，活出生命意义的教育”。

幸福健康地成长，有尊严体面地生活，这些饱含生命的智慧、人类美德的词语无不昭示着这样一个颠扑不破的真理：敬畏生命，幸福人生。人生是一段奇妙的旅程，我们应该怎样走好人生路，才能让我们的生命旅程熠熠生辉？

一块被当成稀世珍宝的石头

人的生命可以分为这样几种形态。首先是作为自然生理性的肉体而存在的生命性生命，其次是高于动物的有意识活动的精神性生命，再次是对生命意义的价值诉求的价值性生命。人的价值性生命为人的生存夯实了根基，加足了动力。人类对自身价值性生命的追问绵延不绝。人究竟为什么而活着，有太多的人忙忙碌碌奔波一生，还未曾深入思考便已成为人间匆匆过客。有人搜肠刮肚，冥思苦想，终其一生也未曾找寻到答案。

作家毕淑敏在国内一所很有名的大学演讲时，一开口就说，“活着是没有意义的”，台下一片哗然。随即，她话锋一转：“但你要为你的人生规定一个意义!”顿时掌声雷动。是的,为人生规定一个意义,就是活着的最好理由。

曾经,有一个孤儿院的小男孩,因为被抛弃常常心绪哀伤,觉得活着没有意义。有一天,院长交给他一块石头,让他拿到市场上去卖,但无论别人出多少价钱都绝对不能卖。人们对这块石头非常感兴趣,价钱越出越高。第二天,院长要小男孩把石头拿到黄金市场上去卖,有人竟然想出高于市场10倍的价格买下。第三天,院长又要小男孩把石头拿到宝石市场上去卖,结果石头的身价再次涨了10倍。男孩牢记院长的叮嘱,怎么也不卖,石头竟被传扬为“稀世珍宝”。院长对满腹狐疑的男孩说道:“生命的价值就像这块石头,在不同的环境下就会有不同的意义。一块不起眼的石头,由于被珍惜而提高了自身的价值,竟被传为稀世珍宝。你不就像这块石头一样吗?只要自己看重自己,生命就有了意义与价值。”

当我从11楼跳下去

生命何其脆弱。地震、空难、交通事故、疾病……我们已经见证了太多太多。生命的脆弱,像极了烟头上的烟灰,经不起轻轻一弹。所以我们每个人更要敬畏生命、珍惜生命。生活总是伴随着不如意。失恋了,高考落榜了,和父母关系处不好……所有的这些都不是自杀的理由。生活中谁都有不如意。台湾著名漫画家朱德庸曾经画了这样一幅漫画,大致内容为:

我从 11 楼跳下去
看到 10 楼以恩爱著称的阿呆夫妇正在互殴
9 楼平常坚强的 Peter 正在偷偷地哭泣
8 楼的阿妹发现未婚夫跟好朋友上床
7 楼的小丹在吃抗忧郁症的药丸
6 楼失业的阿喜还是每天看报纸找工作
5 楼受人敬重的王老师正在偷穿老婆的内衣
4 楼的 Rose 又和男友闹分手
3 楼的阿伯每天都盼望有人来探访
2 楼的莉莉还在看她那结婚半年就失踪的老公照片

现在我才知道每个人都有不为人知的困境
在我跳下之前，我以为我是世界上最倒霉的人
我看完他们之后，深深觉得其实自己过得还不错
所有刚才被我看到的人，现在都在看着我
我想他们看了我以后，也会觉得其实自己过得还不错

其实人的生活都是一样的，
在觉得自己不幸的同时别人比自己更不幸，
所以要学会满足和珍惜。
相信我，好好珍惜现在的时光，
不要过多地抱怨。

生命不完美，但我们仍然可以让生命熠熠生辉。有一部电影名叫《风雨哈佛路》，讲述的是美国“奇迹女孩”莉丝·默里的传奇故事。她因父母吸毒，8 岁便开始乞讨。15 岁时，她的母亲又死于艾滋病，同年父亲进入收容所。17 岁时，她开始用两年的时间学完高中四年的课程，并获得 1996 年纽约时报一等奖学金，后又以优异的成绩考入哈佛大学。

生命是如此的珍贵！做一个热爱生活的达观主义者吧。调整好心态，树立起积极健康的生活理念，不因出身卑微而鄙薄自己，不因小小的挫折而放弃生命的脉搏。当你发现你的学习成绩不如别人时，你依然要学会坚持，并认真努力地学习。到达成功之巅的有两种动物：一种是雄鹰，另一种是蜗牛。当你发现你的外貌不及别人时，你一定要饱读诗书，你要相信“腹有诗书气自华”。世界上最美丽的人是飘着书墨香的人，因为只有气质才能经受住时间的考验。你是独一无二的你，没有人能取代你。你的存在，给身边的人带来了快乐；你的存在，能在世间留下痕迹。感恩父母，感恩同学，因为有了他们，你的生活才充满了温暖和欢笑；感恩挫折，感恩失败，因为有了它们，才能让你品尝到苦涩后的甘甜。

水木年华组合的歌曲《生命的意义》曲调深远、回味悠长。感谢它给予了我们异常广阔的思想空间和净化心灵的精神洗礼。“爱你的家人，爱你的朋友，用心去爱你的爱人，爱这个世界的所有人们，这就是生命的意义”。让我们以此共勉！

选择比努力更重要

心海波澜

新年了，我却不快乐！我是一名中等职业学校服装专业的学生。我叫丢丢（化名）。我的梦想是成为一名品牌服饰的设计师。但是，对于我的这个梦想，不仅是我爸爸嘲笑我，而且同学们也讥讽我。原本想在新学年里大显一番身手，现在反而备受打击。我认为我有自知之明，我很了解我自己，知道自己未来该从事什么样的职业。可是为什么他们，尤其是我爸爸不理解、不支持我呢？新年来临了，我为自己做一个新年的祈祷，期盼自己心想事成，同时又想借助和你对话的机会，让你帮我做个参谋，行吗？

心海点灯

丢丢：新年新希望，我的新年愿望是成为一名品牌服饰的设计师。可是我爸爸总嘲笑我不自量力。有几个同学也讥讽我，说我励志故事看多了。想想挺郁闷的，难道我就不该有设计师的梦想？

咖啡豆：非常理解你的心情。你的满腔热情遭遇信任的滑铁卢，你因此而难过。

丢丢:是啊,我从小的梦想就是成为服装设计师。我很想体验当品牌设计师的感觉,那样的天马行空,无拘无束!

咖啡豆:你爸爸嘲笑你不自量力的原因是什么呢?

丢丢:因为我是一个中职生。我爸爸常说这是"一个中职学生的白日梦"。

咖啡豆:能说说你的性格、爱好,以及特长吗?

丢丢:我属于外向型性格,开朗大气,好交际,但脾气有点倔。我喜欢有创意的东西,也喜欢自己动手制作,经常能把一件旧衣服稍加修改,就变成一件既时尚又漂亮的流行服装。班里很多同学都佩服我,常常请我帮她们搭配服饰,连我本人都觉得自己很有天赋。

咖啡豆:嗯,真不错。

丢丢:我还喜欢摄影。我是学校摄影社团的成员,经常帮老师拍一些学校大型活动的照片。我也经常抓拍同学们生活中有意思的瞬间,制作成日历本送给同学们,很受他们的喜欢。他们称我是"好摄之徒"。哈哈!

咖啡豆:看来你的确在这方面很有优势哦。

丢丢:是啊,我就喜欢有点创意的职业,能按照我自己的想法去做事情。

咖啡豆:看样子,你的职业倾向是属于艺术或社会型的。

丢丢:新学年里,我打算报名参加设计擂台兴趣小组,并参与服装设计演讲比赛。我希望通过刻苦学习,争取考上大学,开阔眼界,砥砺思维。

咖啡豆：你的想法很好。你既能注视前方，也能专注脚下。

丢丢：嘿嘿，其实这是我前段日子听心理辅导老师的讲座有感而发的。我的梦想不会不靠谱吧？

咖啡豆：你的梦想还是有现实基础的。做服装设计这一行可能还真的比较适合你。不过，我想提醒你的是，我们在实现职业梦想的道路上，最需要的是坚持和奋斗。

丢丢：太感谢你了！

咖啡豆：我的意见也仅仅是个参考。你可以去心理辅导老师那里做个全面的职业评估，测试一下职业锚。职业生涯规划必须科学制订哦。

丢丢：好的，谢谢！我还想问，我该如何看待我爸爸和同学的意见呢？

咖啡豆：你坚持并且有足够的实力，他们自然对你刮目相看了。

丢丢：我明白了，非常感谢您！

心灵智慧

职业生涯规划，又称职业生涯设计，是指个人与组织相结合，在对一个人职业生涯的主客观条件进行测定、分析、总结的基础上，对自己的兴趣、爱好、能力、特点进行综合分析与权衡，结合时代特点，根据自己的职业倾向，确定最佳的职业奋斗目标，并为实现这一目标做出行之有效的安排。职业生涯规划是件大事，它决定人们一生的事业走向。

职业生涯规划并不是越早越好。进入中职阶段，面对相对宽松的学习氛围，面对纷繁复杂的诱惑，只有拥有了长远目标才能脚踏实地，只有很好地制订了职业生涯规划才能不断学习、进步。同时，职业生涯规划的制订，能让中职学生在寻找职业的道路上少走弯路。职业规划发生在职业选择之前，也同时发生在职业发展的过程中，规划、调整、再规划是一条必经之路。需要考虑以下三大因素：

首先，明确自己的优势和劣势，听从心的召唤。在评估自己的能力、特长和专业方向之后，一定要顺从心的选择，不要被物质条件、社会评价和攀比心理所牵绊，让自己迷失了方向。只有这样才能在遭遇挫折的时候坚持自我。

其次，给自己的职业规划树立总体目标，让自己学会仰望。按照马斯洛的需求原理，我们每个人在求得安全、温饱之后，就会渴望被认同，渴望被人尊重，乃至实现自己的理想。因而，我们的职业目标要带有社会责任感。当然，职业目标可以分短期、中期、长期。

最后，在调整中完善。职业规划不是将职业目标定得越高就越好，而是切合实际的、可行的。在不同的发展阶段都需要做出相应的调整，甚至是改变。但是职业规划的宗旨是不变的，就是给自己的职业道路有一个方向性的支撑与指引。

在这个世界上，通向成功的道路何止千万条，但你要记住：所有的道路，不是别人给的，而是你自己选择的结果。你有什么样的选择，也就有了什么样的人生。

工欲善其事，必先利其器

阳阳（化名）是个学习态度认真的男孩子。上课认真听讲，作业也认真完成，只是每每到了期末，复习时总是找不到北：一会儿拼命背诵古诗词，一会儿刻苦钻研数学题，一会儿通宵练习网店销售，一会儿又沉湎于作文大全。东一榔头西一棒槌，总之一句话，考前复习一团糟。可想而知，阳阳的考试成绩会是多么的糟糕。

品茗论剑

当期末考试来临，考出满意的成绩是每一个同学的共同愿望。然而“临渊羡鱼不如退而结网”，复习和考试是既有区别又有联系的，复习为了考试，复习是基础，考试是目标。没有复习好，肯定考不好；但复习好也不一定考试就好，其中主要原因就是方法不对。考前复习找到并坚持使用一个适合自己的复习方法就显得特别重要。

阳阳：要期末大考了，语文古诗词背诵不难，我已经都背得滚瓜烂熟了，但是我是天生的错别字大王，一个字写错，整句扣分啊！郁闷。

语文课代表：错别字是古诗题得分的最大杀手。可以把平时写错的字词诗句集中装订成纠错本，不时拿出来翻翻看看记记写写。看多了，写多了，就入脑入心也入手啦。否则你背而不默，这不是半途而废么！

绿萝姑娘：复习的时候，尤其是《商品概论》等以背为主的科目，我总是背了后面忘了前面，眼看考试来临，我好焦虑。

心理老师："背了后面忘了前面"最主要的原因是不加理解地死记硬背。所以，要长久地记住内容，必须要理解，你要找到前后之间的关联，也可以试试提炼关键词来形成一个记忆链。还有艾宾浩斯遗忘曲线也提醒我们，记忆后要及时巩固，要反复记忆哦！

青蛙王子：这么快就要考试了，可是我因扭伤在家休养了两个月，功课落下一大截了，虽然也有补课，可是我还怎么能考出更好的分数？

班主任：没能在课堂上学习，的确令人心中不安，估计你以前也没这样的经历。同时我非常高兴你已经补课了，这样你和同学的差距会缩小。你可以继续补课，这样你肯定可以得到比不补课更好的分数。此外，我很感兴趣的是你认为"更好的分数"是和哪个分数做比较的？

小桥流水：数学是我的死穴，每次考试，数学总是拖我后退。眼看考试临近，一想到数学成绩，我顿时心灰意冷。

数学老师：这个月做三件事：第一，整理以前的试卷和作业本；第二，翻看错题；第三，重做错题，直到能独立完成。新学的内容也同样处理。做完这些拿着错题本再来找我。

学生甲：五门考试科目，有三门是我的优势科目，有两门是我的薄弱科目，期末大考在即，我想总分漂亮点，有什么好的复习建议吗？

学霸露露：合理安排复习时间。大量时间主要用于复习你的优势科目，尤其是反复刷难题，这样有助于你拿高分，但考前一周就不用这样做了。同时分配一些时间复习你的薄弱科目的基础部分，这样可以保证得到能得的分。

心灵集合

期末考试既是对每门科目知识及综合能力的检验，又是对复习时间分配有效与否的考查。考前复习就如临阵磨枪，不快也亮。除去以上五例之外，还有以下两方面希望同学们注意：

一、回归教材，注重知识细节

1. 临考前应做一定量的中、低难度题，以达到熟悉基本方法、典型问题的目的。一般不再做难题，以便保持清醒的头脑和良好的竞技状态。

2. 复习重点，查漏补缺。尤其可以使用知识结构的树形图理出科目的主要线索。绘制树形图时应当追问以下问题：该科目涉及哪几大方面的问题？每一个大问题下又涉及哪些主要内容？每一个内容中关键的知识点是什么？绘制过程中如有遗漏，则是下一阶段复习的重点。树形图可以帮助我们对科目有一个较为全面的了解，也能够起到帮助我们理清脉络、迅速回忆起细节的作用。

3. 查找错题，分析病因，对症下药，这是重点工作。错题可能是因为思维上有偏差，还可能是粗心等原因。不管是什么原因，复习阶段都应该把这些错题翻出来动手做一做。在这个重复做的过程中，能够降低错误率，从而实现“该得的分一分不丢”。

4. 重视书写表达的规范和简洁，掌握各类常见题型的回答模式，避免“会而不对，对而不全”现象的出现。

二、考前调试心理状态，讲究应试策略

1. 适当控制焦虑程度。适度的焦虑有助于集中注意力，过度的焦虑则会让复习内容“从眼前走不从心上过”，降低复习效果。

2. 树立必胜的信心：信心来源于实力，认真地对待复习阶段的每一次考试，熟悉试卷结构，提高应试能力。

3. 保证睡眠、锻炼时间。在复习的间歇，适度的运动、充足的睡眠有助于让大脑得到充分的休息，从而可以更有效地投入复习。

危机，生命成长的契机

心海波澜

我是一名职高女生，我叫蒙蒙（化名），性格内向但纯洁、爱浪漫。我喜欢文学，尤其是爱情小说。我时常幻想着未来白马王子的模样。我有一个认识了两年的网友，他喜欢写诗，长得帅气并且温文尔雅，像极了“都教授”。昨天我应邀和他见面了。可是，我没想到他竟然会欺骗我。他用花言巧语把我骗到酒店，然后……我错了，我怎么那么傻，那么笨！我没有脸见父母和同学了，我真想一死了之。

心海点灯

蒙蒙：越想越绝望，我真笨，我错了，我讨厌自己，我真想用刀在手腕上划一个口子……

咖啡豆：发生了什么事情，让你认为自己错了，并且想要伤害自己？

蒙蒙：昨天我和网友见面，结果他欺骗了我，我被他性侵了……我怎么还有脸去见父母、同学、老师？

咖啡豆：啊？我感到万分震惊和难过。我知道你是个好姑娘，遇到这样的事情后，感到又羞又恨。你遭遇了人生中的心理危机，我理解你此时的心情。可是，千万别伤害自己啊！

蒙蒙：我错了，我不应该和他见面，见面了更不应该听信他的话去宾馆休息。现在伴随我的只有悔恨和泪水，我好笨。

咖啡豆：被性侵不是你的错！错的是那个性侵你的人。他一定会为自己的行为付出代价的。

蒙蒙：我很难过！

咖啡豆：你现在整天以泪洗面，是在用别人的错误来惩罚自己啊。

蒙蒙：只要一想到那个人，我就心如刀绞。

咖啡豆：很多时候，青春岁月的伤害其实就是一次成长。

蒙蒙：我找不到伤害的意义。

咖啡豆：经过这一次伤害，你应该更加懂得珍惜：珍惜自己，珍惜生命。我相信你一定会走出心理的阴影，拥抱阳光！不是吗？

蒙蒙:我的生活里找不到阳光,只有眼泪和心痛。

咖啡豆:生活中有风和日丽的早晨,也有雷电交加的午后。危机就是转机,阳光总在风雨后。

蒙蒙:那我现在该怎么做呢?

咖啡豆:你现在需要做的是尽快调整好自己的情绪,调理好自己的身体。

蒙蒙:你有什么建议吗?

咖啡豆:你可以尝试着到附近的大自然去走一走,也可以去找学校的心理老师谈谈。事情已经过去了,我们不能改变过去,但可以创造未来啊。

蒙蒙:嗯,我明天回学校就去找心理老师,谢谢。

心灵智慧

心理危机是指由于突然遭受严重灾难、重大生活问题或精神压力,当事人生活状况发生明显的变化,尤其是出现了用现有的生活条件和经验难以克服的困难,当事人陷于痛苦不安、绝望麻木的状态,甚至产生自主神经紊乱的症状和行为障碍。

中学生正处于人生发展的疾风骤雨期,思想不成熟,内心矛盾冲突激烈,社会阅历缺乏,对负面事件不会处理,因此常常会陷入焦虑和心理失衡的状态中。这时,如果没有及时得到来自外界的帮助,他们的学业及生活就会受到严重影响,甚至还会导致自残、自杀等恶性事件的发生。因此,如何化解这种心理危机,增强应对心理危机的能力和技巧,意义十分重大。

那么，中学生该如何应对心理危机呢？

第一，保持充分的自信，多给自己积极的心理暗示。

要树立“无论在何种情况下，我都会找到解决问题的办法”的信念。信念就是我们内在的力量，要相信世界上从来没有过不去的危机。

第二，积极主动地寻求帮助。

找个你信任的朋友或老师，倾诉烦恼，寻求支持。当然你也可以选择公益心理热线，热线的这头和那端，一定会架起一道理解、接纳的桥梁。

第三，增强安全防范意识，不要轻信他人。

恪守网络道德，不上色情网站，不看色情影片，不和网友见面。外出不和陌生人搭讪，不上无牌无照的黑车。

第四，努力学习，开阔视野。

积极参加体育锻炼，强身健体；亲近大自然，保持心胸豁达；增加音乐、美术陶冶，不断提升自己的综合素质。

在困难、挫折、厄运面前，你选择哭泣还是微笑着面对？奥运舞者刘岩在经历重伤之后，仍然能够很快从心理创伤的危机中走出来，继续从事舞蹈事业。危机，更多的时候是生命成长的契机。同学们，假如你遭遇了挫折，请不要灰心丧气。要知道，从痛苦中萃取成长的养分，从来就是强者的座右铭。

【相关链接】

自主神经紊乱：一种内脏功能失调的综合征。多由心理因素诱发人体部分生理功能暂时性失调，神经内分泌出现相关改变而组织结构上并无相应病理改变的症状，包括循环系统功能、消化系统功能或性功能失调。

爱情天堂四方谈

【案例呈现】小洁（化名）和小勇（化名）是同班同学。高二那年夏天他们恋爱了。有一天小洁和小勇在小勇家看了一盘黄色录像带后，甜蜜徜徉，发生了性关系。一个月后的一天，体育课上，小洁因为肚子疼昏倒在学校操场上。在医院里，面对医生的询问，小洁一口咬定没有男朋友，例假也很正常。于是，医生就当急性阑尾炎处理。谁知，一上手术台，小洁因为宫外孕大出血而死亡。

同伴1：我听到这样的故事，心特别沉重。生命如此可贵，花样年华的人就这么走了。小洁你在天堂还好吗？我也担心小勇，小勇的人生会从此改变。活蹦乱跳的女朋友就这么走了。他的心如何会承受得起?！他的爱情人生很难再精彩了，或许他一辈子会生活在小洁死亡的阴影里。

同伴2:看过很多青春电影,再来听我们同龄人的故事,我发现,爱情虽然美好,可是现实总是那么残酷!恋爱没有错,可是又是谁错了呢?唉,说到底小洁、小勇太单纯,高中爱情是不能承受的生命之重啊。

同伴3:我觉得最大的问题是小洁对医生隐瞒实情。事情都已经发生了,这时候最需要乖乖地听医生话了,逃避责任的最大恶果是丢掉性命。太不值了!

浙工大学姐:都说冲动是魔鬼,但是青春期不可能不躁动,青春期的爱情,其实很多时候或许根本就是一种寂寞和宣泄。说到底,那时候的爱情根本不靠谱,所以,最好的办法是把青春的躁动转向运动,转向学习。

浙工大学哥1:读了小洁的故事,很多女生在为小洁深深悲哀的同时,或许更会信誓旦旦地说:我自控力才没有小洁这么差,我绝对“HOLD得住”。其实,在高中时代,你们太容易“身不由己”了。比如,在月夜朦胧的夜晚,当心仪的男生在你耳边低语的时候,我相信绝大多数女孩子是无法拒绝的。所以,女生不要对自己的控制力过于自信,最好的办法是两个人不要在“危险地带”“危险时间”单独相处。

浙工大学哥2:是啊,我很同意他的说法。高中时候,如果真遇到了你的真命天子,你可以恋爱,但应该守住底线。特别要注意那些危险时间:情人节、圣诞节、元旦前夜、生日、吵架过后、看黄色录像带或者文字后、晚上11点过后。这些时间单独相处,很容易发生不可控的事情。危险地点,主要是指对方家里、市郊的情调小酒店等。

学校心理老师：听完这个故事我感到非常的遗憾和悲伤。小洁和小勇怀着少男少女对爱情的美好憧憬去寻找属于自己的爱情天堂，但是这朵“藏在书包里的玫瑰”却过早地凋零了！

不可否认，人的性行为是一种自然行为，出于人的自然本能和生理本能。青少年生理上已经发育成熟。加上两情相悦单独相处，黄色录像产生生理刺激，受自然本能和生理本能的驱使，发生性行为的可能性非常大。同样因为生理成熟，发生性行为导致宫外孕的可能性也是有的。这个可能性当中包括不及时处理会引发危害生命的宫外孕。

著名青少年心理专家孙云晓曾经写过一本书《藏在书包里的玫瑰》，她采访了13名在中学校园里发生性行为的青春男女，结果显示：若干年后没有一个人因为中学时代的性行为而充满幸福美好的回忆！

街道办事处工作人员：其实这样的遗憾，从安全的角度说，是完全可以避免的。可以说小洁和小勇悲剧的根源是没有安全意识和安全知识。无论何种原因发生性关系，首先要懂得保护自己。头脑里要有一定的安全意识。也就是说，事先一定要有安全避孕措施。比如准备好安全套、避孕帽等。

其次，在不可控的情况下发生性关系，那么要懂得一些安全补救措施。比如吃24小时避孕药、72小时避孕药。

再次，要了解一些怀孕征兆知识，比如懂得验孕棒的使用方法，比如学会观察身体的变化，等等。最后，一旦被医生确定已经怀孕，应立即去正规医院遵医嘱采取合适的人流措施。那些地下诊所以价廉来吸引你，但是低价的背后一定是高昂的身体代价。

【聆听手记】

青春校园,爱情是永恒的话题。歌德在他的《少年维特之烦恼》中说:“哪个少女不怀春,哪个少年不钟情?”对于青春期中学生的“爱情”,专家们建议:

第一,中学阶段,最好不要恋爱,因为年轻的你实在分不清你们之间的情感究竟是爱还是友谊。

第二,不小心恋爱了,守住底线,因为性行为的后果你柔嫩的肩膀无法扛起。

第三,万一有了性亲密接触,请懂得保护自己,安全避孕。

第四,意外怀孕的事情发生了,去正规医院合适人流。

中学生阶段,既是花季亦是雨季,享受生命的美好,激情运动场,享受图书馆。请记住:莫以花季生命赌欲望之博。

“小弟弟”的那层皮

体育课后，晓建（化名）感觉下身发热，而且又疼又痒，于是赶紧溜进卫生间检查。这才发现，原来他的“小弟弟”又红又肿，还有一股奇怪的味道。晓建顿时觉得非常尴尬，立即请假去了医院。医生说，由于晓建的包皮过长，平时又不注意“小弟弟”的卫生，因而得了包皮龟头炎。

大海：男生需要每天清洗生殖器吗？怎样才能避免发炎？

生活老师：处在生长发育期的男生容易产生较多的包皮垢，积在包皮内引起阴茎发炎。包皮垢是由没有排尽的尿液,包皮、龟头表面坏死、脱落的细胞,以及分泌物等共同形成的一种白色乳酪状且有臭味的物质,具有强烈的致癌作用。因此,男生应经常清洗生殖器,以免引起炎症。

男汉子:我是名高一男生,但是我的龟头还被包皮包着,需要翻动才能露出来。这是不是就意味着包皮过长?

生活老师:青春期发育后,如果在阴茎自然疲软的状态下,龟头仍然被包皮完全包住,需要翻动才能露出,就可视为包皮过长。包皮过长的危害很多,建议你去正规的医院进行治疗。

电商大虫:听说有29%的男性都存在包皮过长的问题,那么包皮的长度有标准吗?能进行自测吗?

生活老师:包皮在阴茎自然疲软状态下的长度标准可分为5个等级:

0度　包皮环口(包皮末端)不超过阴茎冠状沟,即阴茎冠状沟和整个龟头裸露。

1度　包皮环口覆盖阴茎冠状沟,但不超过龟头冠状沿,即龟头全部裸露。

2度　包皮环口超过龟头冠状沿,包皮覆盖大部分龟头,但不超过尿道外口,上翻、复原自如。

3度　包皮环口超过尿道外口,包皮覆盖全部龟头,上翻、复原自如,称为包皮过长。

4度　包皮环口超过龟头冠状沿,包皮覆盖全部或大部分龟头,但不能上翻,如勉强上翻易造成包皮嵌顿,称为包茎症。

包皮是男性外生殖器的重要组成部分，具体是指在阴茎头处褶成双层的皮肤，起着保护阴茎头的作用。包皮过长，会对人体健康形成一定的危害。

妨碍阴茎发育

在生长发育过程中，阴茎头被包皮紧紧包住，得不到应有的外界刺激，容易导致成熟后的阴茎头冠部周径明显小于正常数值。但是，阴茎的大小和包皮的长短没有对应关系。

诱使阴茎发炎

包皮过长时，包皮内的皮脂腺分泌物不能及时排出，易形成包皮垢，从而引起阴茎发炎。医学研究表明，包皮垢是一种致癌物质，会大大提高男性生殖器癌变的可能性。因此，男生一旦发现自己的“小弟弟”发炎，并且有难闻的气味，应及时去医院进行检查。

损害肾脏功能

阴茎发炎易导致尿道口或前尿道变得狭窄，造成排尿困难，长期下去会损害肾脏功能。因此，男生平时应注意个人卫生，且不要养成憋尿的习惯。

处在青春期的我们，千万不能忽视“小弟弟”的那层皮。在生长发育过程中，要注意保持“小弟弟”的清洁，做到三个勤：勤洗生殖器、勤除包皮垢、勤换内裤。包皮确实过长的，应及时去医院进行治疗。

【长知识】

包皮嵌顿：包茎患者或包皮外口狭小的包皮过长者，如将包皮强行上翻而又不及时复位时,狭小的包皮口就会勒紧阴茎,阻碍包皮末端和阴茎头的血液回流,致使这些部位发生肿胀,这种情况称为包皮嵌顿。包皮嵌顿严重时会导致阴茎头坏死,进而影响排尿功能和性功能。因此,一旦发生包皮嵌顿而又无法复位时,应尽快到医院就诊。

“大姨妈”家事几则

女生常常亲切地称月经为“大姨妈”,因为频繁见面所以还称“大姨妈”为“老朋友”。“老朋友”登门期间,女生私处和免疫力都比平时要脆弱很多,“姨妈巾”选择不当,极容易导致妇科疾病发生。所以,选择“姨妈巾”需要考虑一些重要指标,依靠这层“屏障”将病菌抵御在外。下面,我们就来具体看看“姨妈巾”的使用和选择吧。

“姨妈巾”的使用

首先把“姨妈巾”身上的背胶纸先撕掉,小心别粘到护翼,就是那两个像小翅膀的东西。然后,粘到内裤上,一般内裤里面前方有条缝纫线,卫生巾最前端靠到那就可以。最后,把护翼背胶纸撕掉,反过来贴在内裤外侧就 OK 了。

“姨妈巾”的选购

“姨妈巾”的品种有很多，在选择“姨妈巾”时要选择那种棉柔、没有香味、没有药物成分的。经期中的女生，私处的皮肤最易受损伤。因此，要想在特殊的日子舒服些，选择合适的“姨妈巾”至关重要。

1. 查看保质期，注意包装

“姨妈巾”卫生要求非常严格，首先要确保卫生巾在保质期内，并且应选择生产日期近的。超过期限就没有无菌的保障了，贮藏过久，即使不拆封也会变质污染。另外，要尽量选小包装。每个外包装和独立小包装的封口应平滑，无漏气现象。好的卫生巾应表面清洁，厚薄均匀，封口无损。另外，从手感来看，好的“姨妈巾”由吸收性强、蓬松性好的绒毛浆制作而成，所以又轻又软。如果掺有其他纸浆、下脚料等的“姨妈巾”则又重又硬。

2. 要求棉质，确保透气

棉质“姨妈巾”表面和肌肤更具有亲和力，渗透性也相对较好，假如准时换，不仅舒适，而且可减少过度敏感和皮肤病的产生。夏天私处闷热潮湿，最容易滋生细菌，导致妇科病。让肌肤呼吸，可以避免湿气细菌聚集，减少感染或过敏等问题。“姨妈巾”还要透气，保持清洁与干燥，就能有效避免私处瘙痒。

3. 讲究指数，慎用药物

买“姨妈巾”先要看“卫生指数”：是否具备“卫生许可证”、防伪标志、生产使用说明、卫生指标控制情况等。慎用药物“姨妈巾”。建议最好不要使用药物“姨妈巾”，以免降低私处自我免疫和清洁的能力，反而更易受到细菌侵害。

4. 正规品牌，商场购买

最好选择有知名度的、信誉有保证的厂家产品。不要购买不知名或市场非常少见的“姨妈巾”品牌。“姨妈巾”的最佳购买地点是大型商场、超市。大型商场、超市货物流通快，“姨妈巾”存放时间短；储藏环境好；避免买假冒伪劣产品，“姨妈巾”卫生、质量应有保证。

5. 合理搭配，照顾感受

一般女性经期可分为三个阶段，可根据这三个阶段选择使用不同型号的“姨妈巾”。月经量很大时，白天需用护翼型，晚间需用夜安型；平时可使用标准型；月经前后可使用超薄型或护垫。这种搭配选择一方面安全、舒适，另一方面也可节省经期花费。

另外，需要提醒的是：目前“姨妈巾”的种类很多，有棉面、网面等，要根据自己使用的实际感受来挑选最适合自己的“姨妈巾”，而不是只看广告或听别人说，适合别人的未必是适合自己的。

对“姨妈巾”认识的误区

经期是女生最虚弱的时候，若没有周全的保护措施，很可能使女生元气大伤，影响健康。

1. 缺乏卫生常识，使用“姨妈巾”之前不洗手。用手将“姨妈巾”拆封、打开、抚平、粘贴的过程，有可能会把大量的病菌带到了“姨妈巾”上。

2. 贪图方便,“姨妈巾”长时间不换。女性排出的经血中含有大量物质,它为细菌滋生提供了场所,对私处通风也造成影响。时间一长妇科疾病也随之出现。所以女生在经期要勤换“姨妈巾”,就算量少也要换,每片不要超过 3 个小时。夏天湿气易在局部聚集,引发过敏,所以无论量多量少,特别建议每 2 小时更换一次。

3. 贪恋便宜,喜欢买促销品、新上市的产品或者是赠品。有的女生在看到超市“姨妈巾”有打折或者推出新产品、送赠品活动时都会买很多,这时有可能是生产商在处理卖不掉的产品。所以在选择新产品时一定要选择信誉好的知名品牌。

4. 喜欢把“姨妈巾”放在厕所或者是卫生间。虽然方便但是不卫生。“姨妈巾”主要是用纤维材料制成,长时间放置很容易造成材料出现质量问题,易引发细菌滋生。现在很多卫生间都是背光的,湿度比较大,细菌有了生存空间,就会污染“姨妈巾”质量。因此,女生应把没有用完的“姨妈巾”放在干爽的环境里,“姨妈巾”如果受潮或者是过期,就最好不要再用。

据统计,从第一次来月经到最后一次月经离开,女性需要用到的“姨妈巾”就有 1.5 万片。青春期的女生对“姨妈巾”的科学使用、正确选择,其实就是尊重自己,珍惜青春和关爱生命。

镜头里的“性感”

大型古装历史剧《武媚娘传奇》正值热映时突然因“技术”原因遭停播。让人吃惊的是,复播后,本来丰乳肥臀的妃子、宫女们脖子以下的胸前暴露镜头全都被剪了,《武媚娘传奇》惨变《武大头传奇》。可是,为什么要把这些镜头全剪了呢?我们得到的解释是:该剧女演员着装暴露尺度过大,尤其会对青少年造成负面影响。

其实,影视作品里因情节需要而出现“性感”画面在所难免,作为尚处在青春发育期的我们,该如何应对呢?

【男生】

天马行空:我一看到那种镜头,立马抢过遥控器换个频道,否则又要听老爸老妈的思想政治教育了。

虎子:实在躲不过,我就会扭过头去,转移注意力。

骆驼祥子:通常我妈的反应总是比我快,她会找各种借口支开我。我也正好装糊涂,呵呵。

小胖子:这没什么,我完全“HOLD得住”。我会若无其事地看下去,有时候还会和大家一起讨论剧情。

【女生】

青苹果:那时候,我们全家都比较喜欢看《武媚娘传奇》。老实说,我觉得还是剪掉好。我感觉每次有那种镜头时,父母总是显得很紧张,他们会在一旁不停地用余光窥视我,弄得我很尴尬。

妮妮:一看到那种镜头,我就会感觉很紧张,浑身不自在。

风信子:我会“哎哟”一声惊叫,然后赶紧用手遮住眼睛,或者干脆低头不看。

安琪儿:每当预感要有“性感”画面出现了,我就会赶紧假装去厕所或者到房间拿东西,然后一溜烟跑开。

影视、文学作品中的性刺激也叫第二信号系统的性刺激,即语言、文字等产生的抽象刺激,这是人类所独有的。

在日常生活中,我们经常会接触到这类性刺激,如缠绵悱恻的言情小说、富于激情的影视作品等。这些都容易刺激观看者,唤起性冲动。对于心智尚未发育成熟的青少年来说,其更容易受到这类影视文学作品的刺激产生性冲动,进而容易导致犯罪。

因此,青少年要学会自我调节,更好地应对这些性刺激。

1. 改变场景:如听音乐、做体操等,这样可以转移“视线”。

2. 自我教育:一旦出现性冲动、性紧张,可进行自我暗示,告诫自己要冷静,不要冲动。

3. 偶尔手淫:对于实在难以缓解的性紧张,可以偶尔用手淫宣泄一下,但不要因为好奇或追求快感而频繁手淫。

4. 服用药物：若上述方法仍不能缓解性紧张，必要时可遵照医嘱服用药物。

乳房，你还好吗？

乳腺癌夺走了“林妹妹”陈晓旭的生命，让好莱坞影星安吉丽娜·朱莉接受了预防性乳房切除手术。2015 年 1 月 16 日，歌手姚贝娜因乳腺癌复发去世，年仅 33 岁。一时间，许多姚贝娜的歌迷都将 QQ、微信等签名改成了：“姚”想当年，“贝”感惋惜，“娜”样精彩！人们在扼腕“好声音”陨落的同时，不得不对乳房的健康引起重视。那么，作为正处在生长发育期的我们又该如何对待乳房呢？

何以笙箫默：我听说，姚姐姐是在照镜子时发现自己左乳局部地区有类似酒窝的痕迹，后来去医院检查才确诊得了乳腺癌。我想知道，乳腺病变都有哪些自查方法？

生物老师：乳腺病变的发现主要是通过观察乳腺外观。我们可以做一些简单的自我检查，如观察乳头有无异常分泌物，乳房的大小、性状有没有异常改变，有没有触及异常包块，双侧乳房是否对称，乳房的皮肤有没有异常改变（如橘皮样改变）等。

雷迪森酷酷：乳腺癌和男生也有关系吗？

班主任：乳腺病变并不是女性的专利。据专家介绍，在乳腺癌患者中，男性患者占到了 1%。当然，男性乳腺癌的发病几率远远小于女性。

小贝甜甜：有时候，我会感觉到乳房轻微胀痛，这正常吗？

校医：在乳房发育的过程中，有时可能会出现轻微胀痛，这属于正常的生理现象。有些乳房胀痛还与生理周期有关。只要是在生理范围内的胀痛我们都不必太在意，但是过度不适的需要咨询医生。

绿萝蔓墙：进行剧烈的体育运动，如参加 800 米长跑，会不会导致乳房受伤啊？

体育老师：适度的体育运动对乳房发育有一定的促进作用。但是在运动时一定要注意避免撞击或挤压乳房，造成外伤。同时，适当多做扩胸运动或俯卧撑，对乳房保健很有益处。

花季少女：哪些食物既能促使乳房丰满又不会增肥呢？

学校营养师：充足的营养对乳房发育非常重要。青少年应多食用鸡蛋、瘦肉、牛奶、豆制品，以及富含各种维生素的水果和蔬菜等。

羞答答的玫瑰：我们还是学生，乳房太丰满了会觉得很不好意思，所以，平时参加集体活动时，我都会有意无意地束胸。

校医：束胸危害极大。第一，束胸直接限制了乳腺管及腺泡的生长，影响乳房发育；第二，束胸会影响呼吸和心脏跳动，久而久之会引起肺部疾病；第三，束胸会造成乳头内陷异常，将来无法哺乳或造成哺乳时乳头皲裂。

三好女孩：我正在努力减肥，听说减肥和乳腺癌有一定的相关性，我好害怕。

心理老师：科学的减肥方法不会损害乳房健康，但是过度节食却有损健康。尤其是有些青春期的女生，为了追求曲线美而盲目地节食，导致体质虚弱，长此以往会影响生长发育，也会间接影响到乳房健康。

守望麦田的姑娘：我的乳房发育没有别的同学好，这多少让我有点自卑。

心理老师：乳房发育怎么样才算好呢？谁都给不出标准答案。其实，乳房的大小应与人的身高、体型相称。只要是在正常范围内的，我们都不必过于纠结，应以良好的心态从容对待。但是乳房大小达到病理状态时，应及时到医院诊治。

16—18岁的青春期女孩，都应穿戴胸罩，以便把乳房托起来，稳定并减少乳房的摆动，防止外伤。但是我们在调查中发现，不少青春期女生不会正确选择胸罩，缺乏乳房保健意识。因此，我们向大家介绍一些相关知识，帮助青少年更好地关注乳房健康。

合理选择胸罩

1. 青春期女生，选择“背心围”比较适合。因为背心围中增加了一个凸起的围，形成了可伸展的弧度空间，非常适合青春期的发育需要。但是，运动时应该选择少女型文胸，以便支撑乳房。

2. 发育完整的女生（乳房上部经乳头至乳房下部的距离大于16cm）可以佩戴成人胸罩。胸罩应选用合适自己的，两个杯罩距离不宜过远，否则会给人不自然的感觉。

3. 在面料方面，应选择富有弹性的优质化纤面料。在颜色方面，粉色和白色最适合青春期女生使用。这样穿校服时不会在视觉上明显地突出胸部，避免尴尬。

注意乳房保健

1. 避免束胸及穿戴过小、过紧的胸罩，正确对待乳房发育，保持健康的心理。

2. 睡前一定要把胸罩取下来，以免影响睡眠。侧卧式睡觉容易造成双乳不对称，俯卧式睡觉容易造成乳头内陷及乳头发育偏小。所以，最好的睡姿是仰卧。

3. 养成良好的饮食习惯，适当增加一些蛋白质及脂肪的摄入。

4. 保持心情愉悦，积极、乐观、开朗。

恋物癖心理成因

【案例呈现】高二男生李同学，性格内向，6 岁时父母离异，随母亲生活，对母亲感情深厚，依恋性强。有一天，他路过小区晾晒场，看到有女性的胸衣和内裤，心中产生了强烈的占有欲，不由自主地走上前，趁人不注意，迅速地偷取了一件胸衣和一条内裤，带着紧张和满足仓皇而逃。从此，每次路过那晾晒场，李同学就不由自主地搜寻女性内衣裤，一旦找到，就心跳加速，口干舌燥，满脑子想着要把它们弄到手，只有手里拿着这些女性物品心里才感到满足和惬意。拿不到就去商场买，甚至有想去女卫生间偷窥的想法。李同学知道自己这种行为的不正常，也曾经无数次地下决心痛改前非：写誓言，用皮筋弹打自己的手，绕道那个晾晒场，等等，但每次欲念发作时，常常会身不由己。痛苦至极，于是他敲开了心理咨询的大门。陈老师根据李同学的描述后，采取了认知疗法、系统脱敏法、厌恶疗法、暗示法等多种疗法对他进行协同治疗，一个学期下来，李同学的恋物症状已全部消失。

恋物癖是一种心理上的疾病，大多是因为某次特定场景或是其他刺激形成的。一般来说，恋物癖的心理成因有以下几个方面。

心理上的固定阴影：大部分恋物癖行为的产生，来源于青春期一个深刻的事件，几次反复后，成为一种病态的条件反射，造成了心理上的固定阴影。

青春期的心理问题：在初、高中阶段，性生理发育成熟，男女接触较少，特别是在初中阶段，男女生连话都很少讲，这样便使得一些青少年将自身的性冲动转向一些异性的象征物。尽管起初他们是偶然得到异性物品的，性兴奋也是偶然引起的，但是经过几次反复便成为一种习惯。

性心理发育异常：恋物癖一般都有性心理发育异常的特点，其中有些男生性格内向，在两性交往中往往扮演不成功的男生角色，由此产生的内心冲突引起强烈的焦虑，进而通过心理防御机制，将性冲动目标转移到女性用品上；还有一些男生在潜意识中对自己的生殖器及其功能感到忧虑，从而促使其去寻求较安全、较容易获得的性行为对象，进而把女性的贴身物品、饰物或身体的某一部分当作性器官的替代品，以缓解内心的不安。

恋母情结转化滞后：幼儿时期，母亲对男孩过于溺爱，又在男孩面前指责男孩父亲的不是，从而阻碍了男孩对父亲的认同，进而转向对母亲的依恋。3—5 岁是处理恋母情结的最佳时期，个别男孩却没能在家长的指导下处理好恋母情结。

报复补偿心理：有的男生因不能随心接触女生，内心不平衡，心生怨恨，最终产生报复行为，偷藏女性的衣物等，让对方着急与难受，以获得一种替代性的心理满足。

另外，性知识缺乏、好奇和意识方面的某些问题也是恋物癖的心理成因。

对于恋物癖，至今没有特别显著的治疗方案，大多采取的是心理治疗。

1. 认知领悟疗法：当有恋物意念时，不妨告诫自己，恋物癖的实质就是儿童的性生活，性爱关系只能发生在人与人之间，恋物是一种变态与不成熟的性心理表现，是成年人采取了儿童的性乐方式，是十分幼稚和愚蠢的。当认知成了一种习惯性思考的时候，恋物行为自然会减少很多。

2. 厌恶疗法：每当恋物意念产生时，要尽可能地去回想过去由于恋物受到的鄙视、厌恶、责备、唾骂甚至是处分，联想到恋物行为将来对个人前途、家庭及后代的负面影响，不断激发起对自己对家庭的责任感。坚持一段时间，恋物就会变成厌恶。

3. 脱敏疗法：可以在值得信任的人的监督下，经常到商店卖女性用品的地方转一转，每周三次，以使自己能逐步在面对这些物品时，控制自己的意念，战胜自我。

当然，恋物癖的心理治疗更多时候并不是一种单一的治疗。也就是说，认知领悟疗法、厌恶疗法、系统脱敏法等几种心理治疗往往混合一起，协同治疗。

“理想的教育应该是让生命在场”。批评、惩戒、表扬、激励的背后，都是一个个具体站立的学生。教育是慢的艺术，教师眼里有敬畏，教育才能看见。

伍 德育

看见

两年前，从决定要当一辈子班主任的那一刻起，我一口气读了一些教育名家、著名班主任、特级老师撰写的书籍和文章。读着读着，发现这些名家无一例外都在强调做一个优秀班主任的必备要素：一定要有写教育日记的习惯。于是我便囫囵吞枣地模仿起来。虽然因为种种原因，没有能够像这些大家那样每天写出500字、1000字的好文章。但是，我到底还是努力着零零星星地记录下了一些实践思考。有位作家说过：写下即永恒。现在想来这句话真是一针见血。当然我也更愿意仿写这句话：写下即看见。

不是吗？从一个个鲜活的案例叙述中，我看见了自己的教育思想和教育灵魂；我看见一边挥斥方遒，一边失落迷茫的矛盾青春；我还看见心怀美好愿望却不自觉地用官僚主义思维方式和控制手段“戕害”着学生们的有毒的教育。读读，想想，做做，写写；实践，思考，观察，反思；再实践，再思考，再观察，再反思。做一个教育的行者其实很幸福。

念你们的名字

新学期开学不久，学校举行三好学生等各类先进表彰大会。学校领导考虑到阶梯教室学生人数的容纳量，只好规定每个班只派五名代表去参加。于是，我按照学校要求选出了被评上优秀学生干部的班级里最好的五个学生。颁奖典礼结束后，学生们都回到了教室。那节课刚好是自修课，我在教室批改作业。三好学生俞蝶（化名）第一个走进教室，我喜滋滋地祝贺说：“俞蝶，你们今天站在领奖台上感觉很自豪吧，加油哦。下学期还要争取评上三好学生。”俞蝶弱弱地回答：“老师我们班就郝婷（化名）上台领奖了，我们都被郝婷代表了，而且我们的名字都没有被提起，老师只是说：‘某某班郝婷等五人。’”班里的学生都笑了起来，而我却怎么也笑不出来。我想，当心怀喜悦，充满自豪和光荣感的学生带着对荣誉的期盼，带着对明天的憧憬，光荣地走进表彰会现场，充满期待地落座，到头来却发现自己只是表彰大会里的旁观者，只是表彰会的看客或者说是新闻照片里的“群众”时，内心该是多么多么的沮丧。我不知道当我兴高采烈地去领奖，等了半天我的奖状被另外的老师代领了，我的名字也被“某某某等五人”“等”掉了时，我会有怎样的心理感受。不可否认,尽管有各种各样的原因,表彰大会上很难把每个班里的每个获奖学生都请到表彰大会现场,也或许可能刚好还有比表彰大会更紧急更重要的事情去落实,但是,这五个与会的班级代表总应该让他们享受上台领奖的那份荣耀吧,哪怕读一读他们的名字。台湾作家张晓风说:“名字是天下父母满怀热望的刻痕,在万千中国文字中,他们所找到的是一两个最美丽、最醇厚的字眼——世间每一个名字都是一篇简短质朴的祈祷!”学生们多么期待在表彰会上能亲自上台亲自从老师手中接过奖状,哪怕亲耳听到老师读到自己的名字啊。不由得想起了美国“9·11”纪念大会。在美国,但凡“9·11”纪念活动,几乎都会以朗读死难者的名字开始。在肃穆静寂的气氛中,参加纪念大会的每一个人认真地聆听着那3000多个死难者的名字,一个又一个。那一个个或熟悉或不熟悉的名字是逝去的生命在世间曾经拥有的称呼。这种对生命的尊重与缅怀,才是跨越伤痛的起点。想想我们,在德育活动中看不见尊重和服务,看不见激励和唤醒,有的只是成功高效地完成了一个所谓的表彰活动。这种为活动而活动的德育活动,还是德育吗?!

2016年上学期,因为代理德育主任,我主持了提前自主招生表彰大会。我花了整整两节课的时间,认真地在电脑键盘上敲下一个一个被表扬的名字,然后在表彰大会上一个一个大声地读着学生们的名字,并且请学生们站在领奖台上和班主任合影。学生们脸上那漾起的灿烂微笑和阳光自信告诉我:读学生们的名字其实就是尊重学生们的生命啊。

我帮学生拖地

我和同事在我自己班的教室里监考。走进教室，我看到班级后墙角落的地面上有一小处黑色墨迹，便转身从教室工具房里拿出拖把拖了起来。同事不解并带着揶揄的口气说："你这个人适合当班主任，拖地这种事情都要自己干。"同事的言下之意再明白不过：拖地这样的活，班主任是不需要亲自动手的，班级里毕竟有那么多学生，而且高中的学生完全有能力拖，你不叫学生拖，要么就是你这个班主任当得窝囊叫不动学生，要么就是你班主任班级管理能力低下，班级管理失序。再或者就是班主任溺爱学生。我抬起头，微微一笑："拖地对女人来说比较拿手，对班主任来说更是个进行教育的好时机呢。"想起了一件事情。那天学生王磊（化名）因为迟到被罚做值日。碰巧那天刚好公布数学成绩。出乎所有人意料，这个被誉为数学王子的人数学竟然只考了78分。那天他情绪极其低落。面对不如意的数学成绩，我和数学老师都没有急着找他帮他分析原因。我觉得此时的王磊最需要的是独自思考和反思。放学做值日的时候，我主动留下来帮他一起做值日。他拖地，我扫地。王磊有点不解地看着我，我拿了把扫帚在他旁边帮忙：把他拖出来的一些细小垃圾扫进畚箕。我边扫边对王磊说："你知道吗，我在心绪纷乱的时候最喜欢做的事情是擦地板和整理衣橱。擦地板的时候弯下腰，跪在地板上，一点点挪，一寸寸抹，十几分钟下来，当我直腰站立的时候，看着被自己收拾得铿铿发亮的整洁的地板，自己的内心也犹如接受了洗礼一般，明净而敞亮。我还喜欢整理衣橱，原先觉得整理衣橱很累，可是当我把衣服按照季节分门别类地整理好，厚的放左边，薄的放右边，外套、裙子、毛衣或悬挂或折叠或装袋贮藏的时候，心就慢慢地安静下来，于是在整理过程中，每件衣服背后的美好故事像电影放映一样一一浮现眼前。这种感觉真的十分美好！过不了多久，衣柜也已经焕然一新，井井有条了。此时我的大脑早已没有纷乱，内心也有了秩序。呵呵，其实拖地擦地板也好，整理衣橱也好，整理过程就是帮助自己厘清思路、找到头绪的过程。好心情是可以'收拾'出来的。我们拖的擦的不仅仅是地，整理的不仅仅是衣橱，而是我们纷乱迷茫的心啊。"王磊不停地点头。那天王磊拖的地真是出奇干净。值日结束，王磊轻快地离开了教室，我站在教室走廊上，目送王磊走出了学校的大门。

与其说那天我是在帮王磊做值日，不如说成陪伴王磊做值日更确切些吧。在学生苦闷难过的时候，我就找机会帮他做值日；在学生情绪需要宣泄的时候，我就陪他一起在操场里跑步；当学生需要聆听的时候，我就坐在她身边静静地聆听她的倾诉，并且默默地为她递上擦去泪水的纸巾。很喜欢从微信里摘录的一段文字："不要走在我后面，因为我可能不会引路；不要走在我前面，因为我可能不会跟随。请走在我的身边，做我的朋友！"

建设良好的师生关系

学校的德育论坛，感动人心。为了和谐理想的师生关系，上台展开微讲座的三位年轻的班主任同事，各显育人风采：师生冲突时，用浓浓的师爱点亮学生的心灯，拉近了和学生的距离，从而和学生建立了和谐的师生关系；师生矛盾时用同理心、全接纳的方法，走进学生内心，温暖学生影响学生，师生因此建立了和谐关系；师生冲突时用平等民主智慧的方式，实现师生相互尊重，相互影响，共同进步，班主任因此赢得了学生的认可。坐在台下聆听他们的精彩发言，我在真诚鼓掌衷心祝福他们的同时，心里面还想着另外一个问题：师生冲突缘何愈演愈烈？

案例一：参加班主任工作研讨会期间，听说了这样一个案例。第二课堂实践活动时，有学生违反了班级纪律，班主任对其进行批评教育，该学生对此极其不满，于是引发师生言语冲突。某领导赶过来指点该班主任："当班主任一定要有不让学生敢顶嘴敢反驳的威严，班主任一定要有说一不二的霸气，要让每个学生在你面前服服帖帖。要他向东，他就不敢向西。回校后，你一定要好好教育这个学生，下手狠一点，严格一点，杀一儆百，否者其他学生会看样，你这个班主任就会当得很窝囊了。"老实说，我听到这样的指导，心里很是发怵。不让学生说话，拒绝学生表达，还是教育吗？这是赤裸裸的控制和恫吓。在这样的教育中看不见倾听，看不见思考，看不见宽容。这样被德育滋养出来的学生要么是奴隶，要么是木头人。德育是允许十六七岁的学生犯错误的，德育是允许血气方刚的学生说一些偏激的言语的。为青春让路，给青春修正的平台和机会，是每一个德育者的应有姿态啊！

案例二：好友的女儿来我家玩，她和我说了她眼里的奇葩德育主任的期中考试纪律教育的广播讲话："期中考试所有考场监控是打开的，你们的一举一动都逃不出老师的眼睛。你把小纸条藏在衣袖里，老师能找到；你把答案抄在手掌里老师也能发现；你和同学对答案打手势，挠耳朵问对错，老师也一目了然。所以我奉劝你们还是老老实实安心考试，否者被老师抓住送到德育处来，我肯定给你严重警告处分。”小姑娘把这段话当作笑话一般听，咯咯笑个不停。我郁闷地想，这哪里是在教育，分明是把学生置于教师的对立面。言语中充满了对学生的怀疑和不信任。这是教育吗？这是警察在威慑小偷。老师不是警察，学生也绝不是小偷。

案例三：某校有位年轻的班主任曾经和我说起过这样一件事：学校要对学生进行仪容仪表大检查。某领导认为她班里的学生王申（化名）头发过长，检查不能过关，要求其整改。该班主任仔细一看，并没有发现王申的头发问题。后该领导解释：王老师，这个学生是后门生，行为习惯不好，学习成绩也很差。现在用他头发问题帮你整整他，杀杀他的傲气，也方便你今后的教育管理。老实说，听闻此言，万恶的“莫须有”三个字从我的胸膛里满腔仇恨地蹦了出来，并且我脑海里随即浮现岳飞那悲愤的脸，秦桧那狰狞、变态、凶残的微笑，心里一股凉气徐徐上升。学生毕竟不是岳飞，他只是在行为习惯上有过“前科”，该领导也不是秦桧，她目标不在于置学生于死地，她目标是在想用手中的强权让学生无条件臣服她的意志和判断。年轻的班主任还告诉我，临走时，该领导还对她班级里的女生说：“请你们千万要记住，脖子上不准戴挂件。一经发现即刻没收，并且我会用没收来的挂件，天天轮流着戴给你们看。”我想，要是我就是那个年轻的班主任，听到领导这翻教育言辞，那时的我的脸一定也因压抑着的愤怒而变得“面目狰狞”吧。

列举以上案例，丝毫没有攻击谁的意思。如有雷同，纯属巧合。我只是对教育本身就事论事。当德育变成了控制,教育变成了强权意志的集散地,教育就已经远去,师生冲突的硝烟一定会弥漫开来。因为学生毕竟不是傻子,随着民主意识的觉醒,他们总有一天会揭竿而起!

诸如此类"培育"师生冲突的事件还有很多。比如,班级里一切活动以民意为基础,推崇少数服从多数,强调集体的意志和力量。这些班主任其实是从来没有认真思考过:真理有时候是掌握在少数人甚至是一个人手里的。一如当年提出日心说的哥白尼。

学校教育,德育为首,众人皆知。有人说,我们每个人终其一生都是在寻找自己的位置。寻找那个最精彩的独特的自己,追寻那个努力的爱思考的自己。德育,不就是帮助学生找到自己吗?看见学生,就在学生内心播种下绿色的种子,让种子饱含成长的激情最美丽地绽放。看见学生,就给学生描绘相信未来的无限希望,点亮学生灵魂深处涌动着的平凡而伟大的梦想。

所以,德育其实也是一场"看见"。

一个都不能少

《一个都不能少》是张艺谋执导的一部电影。主要内容是山村女代课教师魏敏芝为了完成高老师“不能让班里的学生辍学,28 个学生一个都不能少”的嘱托,历经千辛万苦终于找回在城里打工的学生张慧科的故事。没有专业演员,没有惊心动魄的故事情节,完全平民化的叙事视角,真实乡村学校生活的平实记录,却让这部电影变成一部充满关怀的电影,温暖的电影。该电影获得了第 56 届威尼斯国际电影节最高奖——金狮奖。最让我动容的是影片的结尾:魏敏芝让学生们用手中的彩笔在黑板上写一个字，她率先写了个“天”字。轮到张慧科的时候，他说：“老师我可不可以多写两个字？”得到老师的肯定答复后，他写下三个字：“魏老师。”彩色的笔象征着学生们彩色的未来，“魏老师”三个字是“张慧科们”心灵张望的姿态，温暖而坚强。从此，“一个都不能少”六个字便印在了我的脑海里。

书香班集体诗歌吟诵《书香〈论语〉》入选学校秀酷节暨元旦文艺演出节目。学生们狂喜。对青春期的孩子来说，张扬自己，能够在杭州市体育馆的舞台上，在全校 2000 多名同学面前亮相是一件多么荣耀、多么自豪的事情啊。可是，学生陈翔（化名）因为打篮球手臂受伤，动了手术，伤口没有完全愈合，演出临近，他的手臂还绑着厚厚的绑带。难道老天硬是要淘汰掉这个可爱阳光的学生吗?！思来想去，我决定要隆重地邀请程天宇上台吟诵。队伍中有缠着纱布绷带的孩子即便影响了舞台效果，影响了节目质量，影响了节目整体书香美的表达，可是学生的每一个生命渴求，对存在感、归属感的渴求，我都应该给予尊重和满足。教育就是要超越一切外在的功利。教育就是要让班主任在繁杂的各类活动中看见每个生命，看见每个生命期盼的眼神。

秀酷节那天，我们全班 43 个同学齐刷刷地惊艳出场了。两名班干部站在队伍中间领读：“子曰，学而时习之不亦说乎？有朋自远方来，不亦乐乎？人不知而不愠，不亦君子乎？”全班 22 个男生头戴儒生帽，着黑色汉代长袍上衣，腰间扎戴方形长条腰带，手持竹简，摇头晃脑，万般儒雅吟诵起：“学而不思则罔，思而不学则殆。”女生着白底红边上衣，长款红色裙子，梳着圆形发髻，手捧《论语》，袅袅婷婷站立舞台，优雅吟诵:“知之者不如好之者,好之者不如乐之者。”程天宇在中间排最左边的位置,服饰和别的男生毫无差别,唯一不同的是,手臂上包着绷带,脖子上挂着纱布。可是他的吟诵声音是最响亮的,他的笑容是最灿烂的。程天宇没有成为班级里集体表演节目的孤独者,他和大家是在一起的。体育场里汉服飘飘,衣裙缈渺,《论语》声声入耳。我常常翻出这张全班同学吟诵论语的照片,看着程天宇的微笑,想象着“莫春者,春服既成。冠者五六人,童子六七人,浴乎沂,风乎舞雩,咏而归”的画面,温暖如春!

一个都不能少的教育是一件多么美好的事情啊!

2015 年元旦,班里举行新年诗会活动。新年诗会活动,一个都不能少!那个被同学戏称为杨帝的同学,在新年诗会上声情并茂地朗诵了徐志摩的《再别康桥》:“轻轻的我走了,正如我轻轻的来;我轻轻的招手,作别西天的云彩。”听到全班同学雷鸣般的掌声时,我依稀看见他眼里朦胧的泪花。

后来,我读到了不自信的卢佳(化名)写下的如火的文字:“今天我们以冬天的暖阳为伴,用 18 寸的大蛋糕作证,全班 43 人和班主任一起,饱含深情地用朗诵诗歌的方式迎接 2015 年的到来。我从参加活动的每位同学脸上飞扬的神情,观众席上的阵阵掌声和喝彩声,享受美味大蛋糕时嬉戏的快乐声中,深刻感受到了这个特殊的日子一定是我们学生生活中最靓丽的一道风景线。现在是冬天,可是我看见了我们永远不冷的心。”班级里那个很胆小很文静的小玉(化名)写道:“诗是唯一不死的东西。辞旧迎新的特别的日子,我们以读诗的方式来告别 2014

年,它是多么与众不同!在台上,每个人都大声朗读,读出每个人不一样的感受。很多同学都拿出手机为台上诵读的同学拍照留念,等到以后我们工作时,我们分离时,再拿出这些照片看看,会是多有趣多有意思啊。我在台下看的时候想了很多。原来我想不参加的,可是陈老师说这次读诗活动一个都不能少。轮到我上台朗读诗歌了。我好紧张,微微颤抖着,紧捏双拳,暗暗给自己鼓气。读的时候,全班同学给了我很多掌声,那时候我仿佛找回了自信。新年诗会在全班朗诵《相信未来》中结束。我们在万分不舍中拍了一张集体照。就这样我们一起度过了 2014 年的最后一天。也许,我们在三年以后会各奔东西,但是回忆永远在,定格那一刻,我们在一起,真好!"

班里举行北山街上访民国秋游活动,一个都不能少!全班学生按照北山街上民国景点分布图,分成了八个小组,按照小组成员集体讨论方式分别以"秋水伊人""风雅菩提""超人武松""静逸风云"命名。小组成员每一个人都是这次寻访的负责人。有的收集地图线路,有的提供人物故事资料,有的当导游现场讲解,有的负责 PPT 制作,有的负责收集 PPT 背景音乐,有的负责小组通讯稿撰写,有的负责导游讲解词策划。寻访那天,艳阳高照,我和全班学生一起行走在北山街。沈小洁(化名)是班级里出了名的沉默者。沉默是因为习惯,她从小学到初中一直都是这样。沉默更是因为不自信,她总觉得自己是个大家眼里的笨蛋。可是我在她的周记本里,在她的作文里分明看到了她的内秀、她的观察,以及她的渴望。为了激励她发现自我,我鼓励她"出任"静逸别墅的导游。她认真查阅资料,仔细撰写导游词,反复修改,并且对着镜子练习讲解时的表情和肢体语言。那天，沈小洁让全班刮目相看："今天我给大家介绍的是西湖葛岭上的悠悠古韵——静逸别墅。别墅依山而建，盘桓拾阶，雨意青苔，楼前的广玉兰树龄一百年，花朵娇艳，芳香扑鼻。静逸别墅是两栋欧式小楼，面对西湖山色，内敛而有气质。屋内摆设民国风味浓厚，摇椅、钢窗、蜡地，一切显得古朴而典雅。静逸别墅的主人是民国时期浙江省委主席张静江。'静逸'得名于张静江中的'静'和张静江夫人朱逸民中的'逸'。张静江被孙中山先生誉为'中华第一奇人'。奇在热心助革命，奇在'无米之炊'的情况下，举办第一届西湖博览会。不管遇到何种政治风浪，张静江始终不改发展经济的理想。'唯有建设，我是一定要干的'。张静江先生的雄才大略、胆量气魄犹如别墅前的100多级台阶，成了张静江先生的人生写照。可惜由于政治风云，张静江先生被卷落潮头，1937年抗日战争爆发，张静江去了美国定居。"沈小洁的声音清澈动听，有夜莺般的婉转柔情。同学们用热烈的掌声给予了她最真诚的鼓励和赞美。从此，沈小洁脸上多了一份自信，她的学习更努力了。还有张潇湘，从来没有在课堂里发过言的她，在小组成员的鼓励和帮助下竟然出色地完成了对武松墓的介绍讲解，那天的她脸上一直荡漾着被尊重、被欣赏的喜悦。"一个都不能少"，教育就是为学生搭建成长的平台，是帮助学生发现最美的自己。

而今电商146班，被学校冠名高职预备班。它是我的新书香班。全班45人，20个女生，25个男生，都是电子商务普通班高职选拔考试淘汰的在学习成绩方面暂时落后的学生。预备班很多方面确实不如人意，但是难道我天天诚实地告诉他们，你们有这个问题，你们有那个问题?！当老师用发现美好的眼睛去寻找美好的时候，美好就会扑面而来。小美好成长为大美好，小美好汇聚成大美好，美好是班主任美好德育的结果。那么就让我在德育活动中发现美好，创造美好吧?！

一年一度的校运会如期来临。一个不能少！在组织学生积极参加运动会时，两件事引发了我的思考。第一件是两位体育委员一脸郁闷地告诉我，全班主动报名参加运动会的同学，包括他们两个总共只有6个，他们费尽心思地动员，大家就是没有反应。我感觉奇怪，就做了个小调查。调查结果让我着实吃了一惊。在高一、高二年级时，曾经参加过运动比赛的同学只有4人。其他同学之所以不敢报名，是因为没有比赛的经验和体验，怕丢脸。那么，没有竞技，参加过入场式表演的同学人数又是多少呢？数字很快统计出来，包括6个参加比赛的同学全班只有10人。无奈之下，我只好和体育委员一起按照“外观”和一些不太靠谱的目测信息条件，挑选运动员：腿长并且苗条的同学参加跑步、跳高、跳远；长得有力气、有重量的同学参加掷铁饼和铅球。苦口婆心地和同学商量，讨论，激励，劝勉，最后终于把学校规定的参赛人数以及参赛项目的表格空格全部填满。这种“一个萝卜一个坑”的填空式选拔制度很是让我心堵。接下来，体育委员很快把参加比赛的22名运动员列入入场式表演名单，又好说歹说动员了9位同学，终于把入场式表演的31个同学挑选好了。就这样，146班运动会代表队顺利组建完毕。回到办公室，我一人独坐深思，内心波涛起伏。这是德育吗？我看见学生了吗？班级里还有14个学生不参与入场式，那他们就只能旁观，看同学演出顾自己“吃瓜”！这14个学生在班级里是有座位的，可是入场式他们的位置又在哪里？一个在班集体活动里找不到自己的位置的学生，会如班级后墙上贴的班训“我有梦想，我要努力”而勤奋苦读吗？一个在班级里体验不到归属感的学生会热爱班级，关心同伴吗？考上高职是他们也是我们老师的最大梦想，尽管由于种种原因，有些同学可能还是无法跨进高职院校的大门，可是他们的高三也应该是奋斗的高三，努力的高三。而这种意志品质只能通过一些活动来唤醒和激发。若干年后，他们的记忆里得有一些青春的美好和幸福。

一切为了书香班的学生，当我在头脑中回想着书香班活动美好的一幕幕时，当我在键盘上敲下朴素真挚的文字时，我感受到了“一个都不能少”的力量和温暖。当记忆的闸门依次打开，新书香班的入场式表演人人要参加，已无须赘言。

里约热内卢奥运会上，自行车选手宫金杰和钟天使给有花木兰和穆桂英脸谱的头盔万众瞩目。花木兰和穆桂英身处朝代相差近千年，我们无法在真实的历史中看到花木兰和穆桂英联手杀敌，但是在奥运的赛场上，新时代的穆桂英和花木兰却跨越千年，联手出征，征服了所有对手，向全世界展示了中国女运动员的风采。那么，在杭州市体育场的跑道上是否也可以出现京剧女子花木兰、男子关云长的京剧脸谱头盔呢？这是一种对传统文化的传承也是对体育精神的接力吧。遗憾的是这两种头盔价格都在 160 元以上，于是我在遗憾当中只好转眼 5 元 8 毛的京剧脸谱面具。为了彰显京剧传统文化的魅力，也为了让入场式精致大气，同学们从网上下载了京剧“生、旦、净、末、丑”五个主要行当的脸谱图，切割好尺寸大小送去彩色打印，然后一点点，一笔笔，重新勾勒整合，整整忙乎了三个午间休息时间和一节自修课才完成五块KT板的制作。他们又第一时间去网上选购T恤、小彩旗。小彩旗的杆子网上购买有点小贵，于是就有同学悄悄地从自己家的工厂里拿来了一根根的小圆棒，在学校物业师傅的帮助下，31根精致的彩旗棒惊艳亮相。

蒋一豪被同学昵称二哥。二哥是班里最认真的同学，课堂上他的眼神总是最专注，课堂下他的卫生委员工作总是最敬业。他心思单纯，为人热情善良，集体荣誉感非常强。他为了舞好“关公耍大刀”，每天拿了把扫帚勤学苦练。二哥的励志行动感动了全班。行走跑道队伍方队之外的14名同学，自告奋勇“抢”去了入场式的“岗位”：有人因为脸上皮肤正在治疗，平时都不能接受太阳的照射，但是为了能参加入场式表演，在征得医生同意并经医生指导之后，第一时间主动“抢”去了拿展板的岗位。有人拿展板；有人当起了道具总管，有人负责音乐剪辑，录音播放；运动会当天，中间方队同学带着脸谱，甩动着小彩旗，方阵前方2组共5位同学拿着“生”“旦”脸谱展板，方阵后方3组共6位同学拿着“净”“末”“丑”展板，气势宏大地步入运动场。中华京剧脸谱秀华丽上演。广播里传来熟悉的入场解说词：“迎面走来的是电商146班，看，他们步伐整齐，激情豪迈，心中装有大学梦想。努力和拼搏在他们身上洋溢，友爱与鼓励在他们心中传递。这是一个怀抱理想、积极进取的班级。知难而进、实现梦想是他们的起点；敢于超越、追求进步是他们的目标。同欢乐，共追求，天高云淡，海阔天空。踏实的脚步永不停息，理想的旗帜高高飘扬。希望永远，青春万岁！”顿时，45张笑脸绽放杭州市体育场。伴随着“红脸的关公战长沙，黄脸的典韦，白脸的曹操，黑脸的张飞叫喳喳”音乐响起，用五块脸谱展板为背景，以挂在同学后脑勺脸谱面具为衬托，蒋一豪版“关公”现身。他拿着“青龙偃月刀”奔跑入场，只见他一个转身，刷地亮开架势，翻身腾跃，左突右冲，上下挥舞。那红色朝服，黑色官帽，飘飘须发，以及在阳光照射下闪闪发亮的“大刀”，稳健洒脱，动若飞龙。真的是舞出了忠义，舞出了厚重的民族之气。这次中国风民族味的入场式表演，激发了班里每一个同学内心最蓬勃的力量，给予了同学们最深刻的生命体验。当我在教室里播放入场式视频的时候，全体同学聚精会神盯着屏幕，找着看着自己，开怀大笑，骄傲分享。这是世界上最美丽的风景啊！

新书香班的同学，学习成绩上还很不尽如人意。但是，抱怨他们没有好的学习习惯，指责他们没有学习激情，批评他们懒惰消极，甚至责备他们思维简单，其实这些都是对教育的亵渎。唯有面对现实，认真地想想帮助他们的策略，努力地思考唤醒他们的方法，勤勤恳恳地为他们做点实事，脚踏实地地为他们提供服务，这才是班主任的应有模样。当兄弟班的同学在刻苦钻研或埋头苦读，我们挤出两节课的时间在操场上进行入场式的排练。这不是不重视学习，也不是对学习的放弃。我的目的很简单，就是想借活动来激活班级，凝聚班级，培养属于6班的使命感。我深信，只有班级有尊严，同学才有尊严，进而才会用实际行动维护尊严。尊严来自于自己的不懈努力，只要有了维护尊严的动力，我所盼望的分数也就一定能够达到。

曾经，我的教育十分推崇个人服从集体的集体主义教育，因为整齐划一的方式简单而有气势。有气势、有场面曾几何时一直是我们的教育文化景观啊！但是行走在教育路上20多年之后，我却常常思考另外一个问题：集体应该给个人什么？

摘录了《教育人学——当代教育学的人学路向》书中的一段话："只有在集体中，个人才能获得全面的手段。也就是说，只有在集体中才能有自由。这是从集体的本然意义来说的。'真实的集体'和'虚幻的集体'两者的区分在于对个人的自由发展提供了什么样的条件。换言之，对人的个性和独立自主性是否肯定和成全是评判的唯一标准。"

"一个都不能少"想回答的正好是这样一个问题：集体应该给个人带来什么？！

牵着蜗牛去散步

很多年前读到台湾作家张文亮写的一首诗《牵一只蜗牛去散步》，煞是喜欢。直至现在我还能完整地背诵下来：

上帝给我一个任务
叫我牵一只蜗牛去散步。
我不能走太快，
蜗牛已经尽力爬，为何每次总是挪那么一点点。
我催它，我唬它，我责备它，
蜗牛用抱歉的眼光看着我，

仿佛说:“人家已经尽力了嘛!”
我拉它,我扯它,甚至想踢它,
蜗牛受了伤,它流着汗,喘着气,往前爬……
真奇怪,
为什么上帝叫我牵一只蜗牛去散步?
“上帝啊!为什么?”
天上一片安静。
“唉!也许上帝抓蜗牛去了!”
好吧!松手吧!
反正上帝不管了,我还管什么?
让蜗牛往前爬,我在后面生闷气。
咦?我闻到花香,原来这边还有个花园,
我感到微风,原来夜里的风这么温柔。
慢着!我听到鸟叫,我听到虫鸣。
我看到满天的星斗多亮丽!
咦?
以前怎么没有些体会?
我忽然想起来了,
莫非是我弄错了?
原来上帝是叫蜗牛牵我去散步。

喜欢它,是因为深邃的寓意、精练的语言,以及暖暖的爱的气息。

喜欢它，是因为它描绘出的爱、宽容、尊重、平等，以及“孩子你慢慢来”的惬意和幸福。这很让我着迷，很让我沉醉。联想到，我带 6 班的同学不正像牵着蜗牛去散步吗？

6 班的学生开学伊始就表现出了很多不如意：如果说没有集体意识，没有班级归属感是因为班级成员来自五个不同的班级，彼此不认识不熟悉，加上原班级的恋旧情结还未消失，刚开始班级呈现松散的情况也在所难免的话，那么学生对基本规范的不遵守就值得思考了。比如：上学经常性迟到，惩罚批评等软硬不吃；个别同学热衷于在教室吃早餐；部分同学逃避做值日，以开溜为光荣；个别同学理着怪发，化着浓妆走进校园。再看学生们的学习状态，也存有很多的不完美：学习没有兴趣，上课经常睡觉，手机使用过度。按照学生的成长规律，高中三年或许是班主任管理教育最轻松的一年，但 6 班的学生却不一样。仔细分析这些不一样的背后，其实本质上都只是因为学习生活上的挫折和成就感的缺失。私下里找来几个学生问询交流过，学生说心里是十分想学好的，可是数学听不懂，语文作文不会写，市场营销记不住，网站建设要练习的题目太多。每次犯错过后都很后悔，想着第二天要改正，可还是管不住自己。

抱怨、生气、指责都无济于事，因为他们仍然还是孩子。“采采流水，蓬蓬远春”的年龄不需要我长吁短叹，他们呼唤的是老师的帮助、启迪和影响。我能做什么？心有猛虎，细嗅蔷薇！但教育是需要策略和方法的，不是吗？我想到了励志教育。

综观新书香班的学生，成功的体验简直可以用稀缺来形容。他们是背着重重壳的蜗牛，心里却总是在热切地期盼着学习的蓝天。人究竟靠什么成长？一个是锻炼的平台，一个是我要成长的动力。客观诚实地说，书香班的45个学生都有“我要上大学”的愿望，但是由于初中三年、高中两年学业上的失败，一些同学在学习上叶公好龙，假装要学习，假装在学习，假装很努力。其实他们做得是表面功夫，自欺欺人只不过是为了平复自己内心那点“我被分在高职班”的虚荣心而已。班主任最大的任务就是激发他们奋发向上的斗志，唤醒他们心底的渴望，让他们充满激情地投入学习之中。虽然励志教育屡遭诟病，但是，对于我新书香班45个学生而言，励志教育却是他们成长的催化剂，不但不可或缺而且需求十分强烈。励志教育要有梯度和坡度，不可一蹴而就，否则，每天的督查、严厉的批评终究会使学生们精神之弦因太过紧绷而断裂。想要优异的成绩，就得先培养优秀的习惯。美国著名教育家曼恩说:“习惯仿佛像一根缆绳，我们每天给它缠上一股新索，要不了多久，它就会变得牢不可破。”由此，我想到了21和90。

行为科学研究表明，一个人一天的行为中大约只有5%是非理念行为，属于非习惯的行为，而剩下95%的行为却受理念支配，属于习惯性的行为。心理学家研究指出，一项看似简单的行动，如果你能坚持重复21天以上，就会形成习惯；如果坚持重复90天以上，就会形成稳定习惯；如果能坚持重复365天以上，你想改变都很困难。

发现美好

虽然有暑假前的10天观察和了解，但是对班级学生的了解还十分的粗浅。正因为不了解不熟悉，刚开始的21天的励志教育就只能是隐隐约约，或明或暗，有那种犹抱琵琶半遮面的朦胧。

我在观察了解中不断惊喜地发现学生身上的美好。

在聆听我的开学第一课后，学生胡毅（化名）递给我一张纸条："陈老师，说实话，当初知道我被分到预备班我哭了一个晚上。我感觉自尊心受到了严重的伤害。我也曾怨恨过自己，埋怨过原先的班主任，但是现在我开始想明白了：错在我自己。高三了，此时不搏更待何时，我要对得起自己，在最后一年真正地自尊一回，用考试成绩证明自己。"当我读到这张纸条时，内心涌起了许多的感动。于是，午休时间，我征得胡毅的同意，郑重地对全班同学说："同学们，6班是预备高职班，你们被分到了这个班，每个人心中多少有点失落和自卑，但是失望自卑有用吗？你可以认真地想想你为什么会被分到这个班？你学习态度端正吗？你学习习惯良好吗？你勤奋好学吗？你对高职只有心动没有行动，浑浑噩噩，得过且过吗？我希望，我们6班的每一个同学要铆足劲，活出奋斗的高三，努力的高三，有尊严的高三！"我发现，全班同学的眼睛里飘出了四个字：我要努力。第二天开始，我每天都能发现美好，收获温暖：粗心大意的俞骏阳指出了语文练习试卷中一个标点符号的错误；沉默寡言的陈天阳为了钻研一道数学题，放弃了午饭时间，独自一个人在教室里苦思冥想；泼辣干练的黄子旋为了市场营销案例策略和同桌陈露争论得面红耳赤；清晨7点15分，魏倩云、沈芸慧、汪志柢、周庄涛已经关闭手机，顾自安静地在教室里学习了；午间休息时间，饶旭、顾文昊、刘竞宇、施宇龙、徐江涛从5班请来了好兄弟徐鑫狄，五个人拿着数学试卷,围着学霸竖起了聆听的耳朵。这些美好,我都会在第一时间或全班表扬,或家校通告知,慢慢地,班级学习氛围浓厚了起来,课间讨论争论试题的同学多了,跑到老师办公室问询的同学多了,早自修琅琅读书声多了,课堂上专注的眼神多了,同学脸上的阳光自信增加了。

人都有喜新厌旧的天性,青春期的中职生更是如此。我天天发现,天天表扬,日日鼓励,日日励志,长久如此,反复如此,同学们肯定会厌烦而麻木。励志的效果必定会大打折扣。青春的年龄,求新求变才是他们心底的渴望啊。于是,我调整策略,在 21 天以后,进入励志教育的第二阶段。

歌声飞扬

在这个阶段我主要采用一种形式——学唱歌。我让全班同学都要学会演唱的第一首歌曲是由周杰伦作词、作曲的《蜗牛》:

不该搁下重重的壳
寻找到底哪里有蓝天
随着轻轻的风轻轻地飘
历经的伤都不感觉疼
我要一步一步往上爬
只待阳光静静看着它的脸
小小的天有大大的梦想
重重的壳裹着轻轻的仰望

我要一步一步往上爬
在最高点乘着叶片往前飞
小小的天流过的泪和汗
总有一天我有属于我的天
我要一步一步往上爬
在最高点乘着叶片往前飞
任风吹干流过的泪和汗
我要一步一步往上爬
等待阳光静静看着它的脸
小小的天有大大的梦想
我有属于我的天
任风吹干流过的泪和汗
总有一天我有属于我的天

这首歌的歌词非常应 6 班同学内心的风景。曲调激昂，韵律动感十足，正因为他唱出了学生们的心声，所以激发了 6 班同学的斗志。我让学生学唱的另外五首歌曲为成龙的《真心英雄》、GALA 的《追梦赤子心》、胡彦斌的《我的未来不是梦》、张韶涵的《隐形的翅膀》，以及刘若英的《最好的未来》。我利用的时间一般是周五班队活动课，平时周一到周四，都是利用零散的时间，比如午间或者语文课前 3 分钟。学生学唱歌曲的热情出乎我的意料，课间总能听到学生们在哼唱。等学生们学会了这六首歌的时候，第二阶段的励志行动也就结束了。为了对学唱的歌曲有一个总体的回顾,也为了给学生们在紧张枯燥的复习中送去些许快乐和青春的美好回忆,第 10 周班队课时间,我组织了一次励志歌曲汇报演出活动。全班 6 个学习小组,用自己喜欢的方式或小组唱、或演唱的方式进行了解读。掌声笑声欢呼声似乎要把教室的玻璃都震破了。

激情呐喊

励志教育的第三阶段也就是 10 周、11 周、12 周合计 21 天,加上前面第一、第二阶段,刚好 90 天。这个阶段需要的是张扬和呐喊。学生心中的激情需要一个宣泄和展示的舞台。

运动会如期来临!

运动会尤其是入场式表演是提升班级凝聚力的最好时机。对于正在实践 90 天励志教育计划的 6 班同学来说,这是一个浓墨重彩的机会。人总是在自我认可之上再进行班级认可。前面两个阶段的励志努力让学生的归属感初步建立,自我评价趋向积极健康。运动会口号几经修改,后来在集体商议中我们采用大俗大雅的表达。运动会那天,全班 45 个学生,身着白色 T 恤、黑色裤子,头戴京剧脸谱面具,手持彩色旗子,雄赳赳气昂昂,意气风发地行走在杭州体育馆的跑道上。那天口号"我有梦想,我要努力,6 班 6 班,非同一般",响彻杭州体育场的上空。我想我们 6 班的学生喊的不仅仅是口号,我们喊的是志气,是梦想,是渴望。

运动会过后,激情呐喊仍在继续。那就是每天晨读课前的 1 分钟励志朗诵。励志朗诵在全体同学精心挑选的正能量的21句格言中开启。

1. 世界上最大的谎言是你不行。

2. 如果你相信自己，你可以做任何事。

3. 一心向着目标奔跑，整个世界都会为你让路。

4. 一分耕耘，一分收获，付出就有回报，永不遭遇过失败，因我所碰到的都是暂时的挫折。

5. 加倍努力，证明你想要的不是空中楼阁。胜利是在多次失败之后才姗姗而来。

6. 只要能执着远大的理想，且有不达目的绝不终止的意愿，便能产生惊人的力量。

7. 再长的路一步一步走也能走到终点，再近的路不迈开脚步也永远不会到达。

8. 我为成功而生，不为失败而活；我为胜利而来，不向失败低头。

9. 永远不要为失败找借口，而是要为成功找办法。

10. 人生若没有一段想起来就热泪盈眶的奋斗史，那这一生就算白活了。

11. 没有一颗心，会因为追求梦想而受伤。当你真心渴望某样东西时，整个宇宙都会赶来帮你。

12. 当我真心在追寻我们的梦想时，每一天都是缤纷的，因为我知道每一个小时，都是在实现梦想的一部分。当我真实地追寻着梦想时，一路上我都会发现从未想过的东西。

13. 什么是不容易？把同学们都认为容易的题目百分之百做对，就是不容易；什么是不简单？把学习中每一个简单的知识点都掌握就是不简单。什么是不平凡？把学习中的每一个小细节都弄懂就是不平凡。

14. 很多事先天注定，那是“命”；但你可以决定怎么面对，那是“运”！人不是用来被打败的。

15. 有的时候你会感到绝望，但不放弃是对付困难的最好办法！

不管作业有多少，都要按时完成，而且要有质量地完成。切记，认真且加以思考地完成一套卷，比走马观花地完成十套卷要有效得多。

16. 一个人应当养成信赖自己的习惯，即使到了最危急的关头，也要相信自己的勇敢与毅力。

17. 只有一条路不能选择，那就是放弃的路；只有一条路不能拒绝，那就是坚持的路。

18. 着眼于面前，不要沉迷于玩乐，不要沉迷于学习进步没有别人大的痛苦中。进步是一个由量变到质变的过程，只有足够的量变才会有质变，沉迷于痛苦不会改变什么。

19. 昨天是张过期的支票，明天是张信用卡，只有今天才是现金，要善加利用。

20. 停下休息时，不要忘了别人还在奔跑。

21. 如果你希望成功，以恒心为良友，以经验为参谋，以小心为兄弟，以希望为哨兵。

丰富体验

90 天 13 周的励志教程的结束并不是励志教育的终结。相反它仍旧需要励志的延续。只是励志的手段和方法要求变求新。

1. 组织学生观看里约奥运会女排冠亚军决赛，剪辑其中精彩镜头回放。

录像观看结束，我在屏幕上打下这样一段话，让全班学生齐声朗读："女排精神，激昂，奋进，正能量，像阳光普照，熠熠生辉，又如蓝天白云晴空万里。逆境是可以攻破的。女排姑娘们面对强劲的对手没有放弃拼搏，面对比分落后没有气馁，一分一分追，一分一分赶，虽然一路跌跌撞撞，但目光依然坚毅。郎平教练说得好：可能姑娘们的目标不是冠军，而是告诉自己即使有时候知道不会赢，但依然竭尽全力，永不言弃。"

2. 简单评论《阿甘正传》中的三段奔跑（布置学生双休日观看电影）。

利用语文课前两分钟让学生品读一段网络上的文字："电影《阿甘正传》里的阿甘的起跑没有上天眷顾，智商 75，腿脚带残疾，靠着枷锁支撑，勉强迈进特殊小学。在同龄人眼中，愚蠢如阿甘，理应成为他们鄙视与玩乐追逐的对象。人生起跑线上，阿甘完败，没有一丁点可以与人叫板的资本。'RUN，GUMP，RUN'，一个人一生的长跑似乎就这样开始了。就这样一笨人，却从特殊学校，到橄榄球健将，到越战英雄，到虾船船长，到跑遍美国……阿甘以先天缺陷的身躯，达到了许多智力健全的人终其一生也难以企及的高度。在他生命的每一个阶段，心中总有一个目标在指引着他，没有复杂的抉择就不会有心灵的杂念，没有心灵杂念的人，才能够在人生中举重若轻。奔跑面临考验，奔跑更是寻找人生拐点。让我们像阿甘一样，奔跑！寻找人生拐点，实现成功转弯。”

此外，我还利用午自修时间，组织学生观看创意励志广告《潘婷我能型》、安利营销课程《成功就是简单的事情重复做》；利用班主任晨会讲话时间说优秀学长的成长故事；PPT 播放班主任随手拍下学生或聚精会神或激烈讨论或真正思索的感动瞬间，组织学生评选感动 6 班励志人物并进行视频采访录制等。这个阶段的励志教育不需要大张旗鼓，声势浩大搞运动。可以完全浓缩简化在具体的教育情境里，语文课 5 分钟，自修课 5 分钟，班会课 10 分钟，午休时间，早读时间。见缝插针，找机会，寻时机。涓涓细流，润物无声，“我要努力”的种子在 6 班的孩子心中生根发芽。

当然，在给学生进行励志教育的同时，千万不能忽视的是家长的积极关注。励志家长是班主任励志教育的一个重要组成部分。

期中考试来临，成绩出炉。比较第一次月考，语文、数学、市场营销、网站建设四门功课全部有大幅度的提高。及格率上升，优秀率破土。我在第一时间给家长们发了四条家校通短信：

11 月 10 日短信一：“期中考试语文和市场营销我已经拿到成绩。较之 9 月份月考，这两门课成绩进步很大。语文班级平均分 84 分，其中俞骏阳 100 分，90 分以上的同学有 15 人，他们是：何晓明 99 分，姚雨琦 99 分,周佳妮 98 分,黄子璇 97 分,范晨聪 97 分,周庄涛 97 分,王琦伟 95 分,何鸿飞 95 分,顾文昊 93 分,冯梦婕 92 分,熊刚 92 分,刘竞宇 92 分,吴慧娴 91 分,蒋一豪 90 分,杨敏 90 分。向以上同学表示祝贺! 再接再厉是我们共同的誓言。”

11 月 10 日短信二:“市场营销全班平均 129 分,150 分及以上同学 7 人:姚雨绮 166 分,余冬晴 160 分,徐江涛 155 分,范晨聪 153 分,朱敏杰 152 分,蒋一豪 151 分,舒彤彤 150 分。135 分以上同学 10 人:黄子璇 142 分,熊刚 141 分,周佳妮 140 分,冯梦婕 140 分,杨敏 138 分,何晓明 138 分,陈露 138 分,陈天阳 137 分,傅琳珊 136 分,魏倩云 135 分。为以上同学的努力喝彩! 我们 6 班学习在前进,自信在点燃。天道酬勤,6 班加油加油!”

11 月 11 日短信一:“我们还要表扬那些每天走在进步之路上的同学:饶旭、姜琳、周俊俊、张昕、江墉、沈芸慧、江益偲、吴权、王一磊、高宇航、张洁、陈倩瑾、纪晴怡、余杨江、朱凯、施宇龙、汪志柢、高成威、吴艳琳、邵志远。希望你们可以凭借自己的努力收获坚持、意志、自信和成功。翱翔的苍鹰和爬行的蜗牛都能到达目的地,我们更愿意做一只踏踏实实的蜗牛。高职考,6 班必胜!”

11 月 11 日短信二:“数学期中考试成绩进步非常大,班级平均分 78 分。100 分以上同学有 9 人:陈天阳 143 分,饶旭 134 分,何晓明 116 分,冯梦婕 112 分,杨敏 111 分,陈露 111 分,范晨聪 108 分,徐江涛 107 分,熊刚 106 分。90 分以上 9 人:蒋一豪 99 分,刘竞宇 99 分,姚雨琦 98 分,王琦伟 96 分,施宇龙 95 分,何鸿飞 95 分,江益偲 93 分,顾文昊 92 分，俞俊阳 91 分。个别同学这次数学考试发挥不佳，希望不要气馁，勤反思，再努力，后来者可以居上！”

短信发出后，我就收到很多家长打来的表扬班级、表扬老师、表扬班主任的电话。呵呵，教学相长，6 班的学生励志，6 班的任课老师何尝不励志?！请允许我写下我们 6 班的伟大的高职科目任课老师的名字：范建秋、倪维虹、蒋徐贝、陈明梅。

我的牵着蜗牛去散步的励志教育行动还在继续。12 月，我的学生们迎来第一场高职考：网站建设。我对我们 6 班充满了自信。因为我和我的书香班的学生们一样，“我有梦想，我要努力”的愿望已经在心中深深扎根。

后　记

起初写这本《我和我的书香班》，纯粹出于一种自我满足的需要。潜意识里，我总觉得一个当了21年班主任或者可能会当一辈子班主任的班主任，总应该在似水流年间用文字为自己留下一点足迹。时光会冲走一切，写下才能永恒。当垂垂暮年，披着冬日暖阳，我可以戴着老花镜读读自己写的文字。这是我心中的美丽图画。对于已是45岁的中年女教师来说，现在不写或许一辈子不会写了。我害怕写作激情的丧失，我害怕力不从心。

后来，写着写着竟然有了许多意外的美好发现：我仿佛重新又过了一遍21年的班主任教育人生，思路越来越清晰，笔调越来越宽广。更重要的是我在书写中，不断遇见了曾经的自己，不断遇见了那一届届毕业或还未毕业的可爱的学生们，以及学生背后站立的家长们。与此同时，我还对班级、对教育感悟也都有了一次心平气和的梳理。我曾经思考过什么，我曾经创造过什么，我遭遇了哪些挫折，我做了哪些积极的努力。我有过怎么样的心路历程，我有过怎么样的刻骨铭心的打击。所有的一切我都以叙事的方式诚实地记录。这一过程，让我更加积极、更加用心地关注班级，关注教育。

诚实地说，我对班主任的深度思考起始于2013年。2014年8月我担任班主任是我思考实践的开始。书香滋养人的灵魂，提升精神颜值，作为一个班主任，作为一个教师，或许只有让书之馨香和班级建设、教育教学产生交集，教师的阅读、班级的建设才更有价值和意义。因为教育是和学生相互滋养，也是相互影响的过程。一个成熟的班主任，一个优秀的班主任必定是个能做到“人班合一”的班主任。唯有如此，班级建设的道路才能闪闪发亮。

在这本书里，我记录了很多我和学生，我和家长的故事，所记录的故事都是真实的，只是为了典型性的缘故，书中仅有一个故事是两个学生和两个家长的艺术结合。之所以不厌其烦地赘述书香班里书香故事的方方面面、点点滴滴，只是希望还原教育本身的朴素和本真，更希望作为教育同仁的你，成为书香班的同行者甚至成为知己。

在此，衷心感谢杭州市教育局的张志龙主任，没有他一路的支持和关注，就不可能有我的现在。感谢杭州科技职业技术学院何树贵院长，没有他的鼓励和点燃，我的梦想就只能是梦想。感谢本校的周天平校长，在我困顿迷茫时给予的指导和关怀。感谢杭州市交通职业高中的金宏校长，在我犹豫不决该不该出书，能不能出书时，给予我莫大鼓励。感谢身边的所有领导和同事，是他们的善良和包容，让我可以如此任性地工作和生活。感谢侄女蔡杨洋，是她逐字逐句帮助我校对了三章书稿，改正了错别字，修改了文句，并对一些故事的叙述视角提出诚恳的意见。最后还要特别感谢作家天空，是他的引荐让我有幸认识了本书的责任编辑沈娴，感谢沈娴的专业校对和审核，让我更为恰当地把握文句，感谢她为此书的出版耗费的心血。

陈明梅

2016 年 12 月